——— 平凡が金とは言うけれど ———

Tonyさんの優雅な生活

小森 薫

万来舎

この写真はボーイスカウトのジャンボリー大会の役員のおじさんではありません。M65の冒険のお話にもあるように、Tonyさんはミリタリー風の着こなしを好みます。ちょっとお洒落なマッカーサー元帥の気分で神戸三宮をパトロール中のTonyさんです。

天満橋コチネッラでビスポークしたチェックのスーツに、韓国のイテオンのノースピーチ・レザーでビスポークしたパンチング加工されたラム・スエードのジレです。帽子はボルサリーノのベレーです。全体の色の分量を計算して、ブルーのメリハリを強調しています。

このPコートは神戸元町Colでビスポークしたのですが、生地を選んだ後、丁度アメリカに行く用事があったので、サンフランシスコのある付属屋さんで、同じ色目の大きなボタンを探して買いました。さらに襟を立てると、襟裏がこのパンツと同じチェックの柄です。 ストールはアフガニスタンの物です。

この白いアイリッシュ・リネンのスーツは神戸元町Colで作ってもらったものです。これを着て甥っ子のバリ島での結婚式に参列しました。

このタキシードは大阪の隠れた名店、天満橋コチネッラでビスポークしたタキシードです。ヴェスティメンタ社が開発した、伝説のジョーゼット素材を再現した、やわらかいジョーゼットをWブレストで仕立てました。白い中折れ帽子は西川文二郎さんに作ってもらった、ホワイト・ロックンロールと言うモデルです。

S N A P　S T Y L E

ブルー系のWブレストのジャケットにはブルー系のパンツを合わせるのがTonyさん風です。日本人はなんでもかんでも、グレーのパンツを合わせる人が多いので、目から鱗でしょうね。ただし、コントラストに刺し色を忘れません。この場合の刺し色は夏らしく向日葵のような黄色です。

フィレンチェのモードの最先端をリードしてきた名店ラスピーニのオリジナルシャツです。Tonyさんのカジュアルは遊びの感性を優先するので、コンサバよりモード志向が強いのです。

Tonyさんのネイビーブレザーの着こなしです。
紺、紫、赤の三色でまとめています。

Tonyさんの得意技の一つが、チェック・オン・チェックのコーディネートです。このカルロ・バルベラのスパン・カシミアで仕立てられたジャケットは胸のポケットが右に付いた、遊び心満載のユニークな逸品です。

かなり上級なテクニックですが、グレーとブラウンの二色で全体をまとめています。

Tonyさんのハットのコレクション。スーツ、ジャケットの時はハットをかぶるのが基本ですが、最近はベレーの時も多い。

c o n t e n t s

Tonyさんの優雅な生活　目次

p r o l o g u e

プロローグにかえて
僕には分からない、街角スナップ

「神戸ブランメル倶楽部」の発足に伴い、発起人の一人である河合正人氏より連載で何か文章を書いてくれとの依頼を受けました。

ホーム・ページ上に書かれた、神戸ブランメル倶楽部の設立趣旨にはこう書かれています。

『日本近代洋服発祥の地』である神戸は今も、紳士服から靴まで、紳士の装いが揃う街です。異国情緒漂う街並みに、洒脱な雰囲気にあふれた店の数々。神戸には、大人の遊び場あるいは社交場としての要素が数多くあります。それらを今一度つないで、紳士たちが装い、行き交い、楽しむことができる、そんな国内でも稀有な場をつくりたい。そして、そこから日本の紳士の装いをもっと盛り上げたい。そんな想いから生まれたのが、神戸ブランメル倶楽部です。

なるほどそのような趣旨の会が神戸に出来上がったのなら、神戸で青春時代を過ごした、元祖神戸のシティーボーイを自称する僕としては、当然何らかの協力をするつもりですが、同倶楽部のホームページ上にエッセイのようなものを連載するには、服飾に対する知識はほとんど持ち合わせていないし、ダンディズムを語るインテリジェンスも持ち合わせていないのです。正直言って、僕はボー・ブランメル氏の存在も知りませんでした。

このことは河合氏に念を押したのですが、河合氏いわく、「下ネタと人の悪口以外なら、何でも好きなことを書いてくださって結構です」とのことだそうで、河合氏の服飾に対する真摯な姿勢と人柄に敬服している僕としては、同氏が僕のことをお洒落でユニークなおっさんだと思っていただいたからこそのご依頼だし、お酒をやめてからは夜は暇をもて余し気味だし、一年間限定の約束で連載をお受けすることにしました。当然のこととは言え、僕はこの連載を引き受けて、改めてお洒落とは何か、お洒落な人とはどんな人のことを言うのか、を考える羽目になった訳です。でもこれが思った以上の難題なんです。かねてより、お洒落な人生を送りたいと思っている僕にとって、お洒落とは、お洒落な人とは、と考えることは、言い換えれば自分の生き様を再考するといった、とてつもない大きな課題と直面することを意味するのですから。生半可な気持ちで、いい加減なことを書けないということに気がついたのです。

しかしながら、僕も齢五六を過ぎ四捨五入すると還暦になった今、あらためて自分の生き様を振り返って見るのも、今後一〇年生きるか、二〇年生きるか分からない残りの人生にとっても意味のある事柄に思い、これを読んでいる皆様方と一緒に考えて見ようと思います。

僕はよくお洒落なオジサンだと言われますが、本当にお洒落な人ってどんな人なのでしょうか？

流行に敏感で、最新デザインの洋服を逸早く着用する人のことでしょうか？

雑誌に書かれている服飾評論家諸先生の知識、見識を丸暗記し、完璧なディテールのスーツをナポリのキアイアやロンドンのセビル・ローのテーラーで誂えたとしたら、誰が着てもそのスーツはカッコ良いのでしょうか？

ハンサムで背が高くないとスーツは似合わないのでしょうか？　男のお洒落の極意は控えめなこと、すなわち初めて会った瞬間から、目立ってお洒落だと思われたらその人の服飾は失敗だという一文を読んだ覚えがありますが、本当にそうなんでしょうか？　初対面の美人とすれ違ったら誰でも振り返りますし、僕の作るヴェトナム料理の「揚げ春巻き＝チャージョ」は美味しいものを知り尽くした美食家も、牛丼を至上の美味と思っている味音痴も一様に美味しいと言います。

このことは、服飾を知り尽くした人でも、着るものに全然無頓着で無粋な人でも、同時に「カッコ良い人」と直感する人が存在するということではないでしょうか?

もしそんな「カッコ良い人」がいるとしたら、どんな人でしょうか?

そうです、僕には分からないことが多すぎるのです。

でも、僕にはその「カッコ良い人」の漠たるイメージがあります。僕のイメージする「カッコ良い人」。

架空の彼、それを「神戸ブランメル倶楽部」のシンボリックな意味でのMr.ブランメルとすると、彼は二〇メートル離れていても、人ごみの中でも一目で認知される存在感を持っていて、不思議な空気をあたりに撒き散らしているでしょう。

彼はきっと謎めいていて、言葉数が少なく、普段は何を考えているか分からない。

自らの出自や経験、経済的バックグラウンド、学歴などを自らは披瀝しない。

でも、たまに発言すると、的確な比喩、独特の言い回しで含蓄のあることを言う。その深い洞察力というか、鋭い感性はきっと読書により得たものではなく、実体験に基づく価値観に根ざすものでしょう。

でもそれを得るために彼はいかなる艱難《かんなん》辛苦の道を歩んで来たか、余人は窺い知れないかもしれません。

しかし彼の笑顔は万人を引きつけ、その艱難辛苦の道を感じさせない。

だから彼は子供や自分より目下の者に慕われる。

そんな男に遭遇すると好奇心を抱くのは、同性、異性を問わないのです。

人間は他者の謎めいた生活に憧れを抱き、イメージを膨らませる。そのイメージがロマンティックな幻想となり、その幻想が本人の思惑とは別の所でカリスマ性を作る。

そんなイメージの中の「彼」、Mr.ブランメルに少しでも近づくにはいかがすればよいのか？

改めて正直に言います。現時点では僕には分かりません。

でも、そう言っていては埒《らち》が明かないので、皆さんと一緒に考えるために、これからいくつかのトピックと僕自身の経験に基づいたエピソードを、読みきりの形でエッセイにまとめて披瀝しますので、皆さんと御一緒にこの難題を考えていくヒントになればと願っています。

昨今、街角スナップなる雑誌の企画が大流行だそうですね。僕の記憶が正しければ、街角スナップの元祖は、「メンズクラブ」の「街のＩＶＹリーガー」だったんではないでしょうか？　僕は帽子をかぶっているので目立つらしく、年に二、三回は雑誌や新聞の記者にインタビューや写真撮影を求められます。時々ですが一般の人に、「不躾ですが、あまりにお洒落なので思わず声をかけました。宜しければ、その服をどこで購入したのか教えください」と言われることもあります。こんな一般の方の質問にはなるべく丁寧に対応して、お写真も撮っていただくようにしています。芸能人ではないのでサインはしませんが、本当にこんなことが毎年一度や二度はあるのです。

僕自身は、ファッション雑誌をまったく買わないし立ち読みすらしないので、これまで雑誌や新聞の取材は一切お断りしてきました。テレビの撮影クルーの取材に捕まることもたびたびで、阪急メンズ館前では、「やしきたかじんの番組ですが、お財布の中身当てクイズです。今日は幾らお持ちですか？」と言うので、「五〇〇〇円です」と答えると、撮影クルーは大喜びでした。何でも外見とのギャップが大きいほどドボンになるクイズらしい。その時はボルサリーノのソフトにＣｏｌのビスポークのスーツ姿だったので、番組始まって以来の美味しいネタだったようです。

基本的に取材拒否の姿勢を貫く僕ですが、先日この禁を破り、某雑誌の街角スナップ神戸特集の写真撮影に応じました。何を隠そう神戸ブランメル倶楽部が発足するにあたって、会員になった僕が取材拒否もないかな〜、と思ったと言うか、魔がさしたと言うのか。

「雑誌に写真撮られたよ」

この話を四人いる甥っ子や一部の僕のシンパというか子分どもに話すと、連中は雑誌の発売日を心待ちにしていたようです。待ちに待った雑誌の発売日に本屋に走った甥っ子たちや子分は「がっかりしたよ。Ｔｏｎｙが一番カッコいいのに、チッコイ写真で誰だか分からないし、服のコーディネートもさっぱり分からない」と、憤懣やるかたない様子でした。身びいきですね、可愛い連中です。

僕は、甥っ子たちや子分どもに言ったのです。

「Ｔｏｎｙは達人過ぎて、誰もまねできないような着こなしをしているので、雑誌の編集者にとってはお金を払ってくれる読者の参考にならないんだろうよ。だから、チッコイ取り扱いになったんだよ」

彼らに同調して憤慨するのも大人げないと思い、そう言った僕ですが、正直言って内心穏やかではなかったんです。

件のスナップを撮られた日のいでたちですが、ベージュ×黒のガンクラブ・ツイードの上にパープルや臙脂《えんじ》をジオメタリックに何層にもオーバーダイで後染めプリントをかけた、凝りに凝ったジャケット。インナーは白シャツに三〇年愛用しているＢａｒｂａｓのワインレッドに大きなミントグリーンのドットの入った小ぶりのシルクスカーフを襟元に少しだけ見せ、ホーランド＆シェリー社のワインレッドのベルベットのジレを合わせ、パンツがマスタード色のインコテックスのコットン。靴は茶色の編み上げのスエードウイングチップ、おっと、一番肝心の帽子はワインレッドの本体に紺のリボンのラビットファーの中折れ。要するに凝りに凝った、計算されつくした、さらに言うと珍しく分かりやすいコーディネートだったのです。

負け惜しみじゃなく、あの日の僕のスタイルの値打ちが理解できないのなら、「日本のファッション・メディアも相変わらずたいしたことないんだ。やっぱり雑誌の取材は今後も拒否しよう」と、心に誓ったのです。

僕がマスコミの街頭取材に対して良い印象を持っていないのは、実は大学生の時のある思い出からなんです。

その思い出を告白しましょうか？　聞きたいでしょうね。

一八歳の時、僕は恋していたのですが、そのお相手は当時関西学院のマドンナと呼ばれたＣＴちゃんでした。そんなある日、僕は例のごとくいつも友人たちがたむろする、阪急六甲近くの同級生の油井君のマンションで三、四人の仲間とぼんやりテレビを見ていました。そしたら演歌コーラス風の「ふりむ〜か〜ないで〜、神戸の人」というエメロン・シャンプーのコマーシャルソングが流れたと思うと、テレビ画面に髪の長い美少女がご自慢の黒髪をなびかせながら「うふっ」と声を出して微笑んだ後、元町大丸の前の信号を見慣れぬハンサム・ボーイと腕を組み、足早に歩き去るのが全国ネットで放映されたのです。一緒にテレビを見ていた友人の一人が「あれ？ あの娘ってコモヤンの彼女とちゃうの？」（当時僕はまだ、ＴｏｎｙではなくコモヤンとI呼ばれていたのですが、薦《こも》被りみたいで嫌だった！）

その後の長い沈黙を、僕は今でも忘れません。だからテレビや雑誌の取材は、嫌なんです。

beginning

Tonyさんの優雅な生活

1

四〇年目の学生服

僕の通っていた兵庫県芦屋市の甲南中学・高校は、お洒落な国際派のジェントルマンを育てるというのが、教育方針のモットーに書かれているユニークな学校でした。先日開かれた全学年の同窓会総会というのに参加したのですが、JR芦屋駅の改札を出ると、二〇歳代から七〇歳代までの、チョイわる風から英国のカントリージェントルマン風のお洒落な男たちが、ぞろぞろと歩いていくので、多分そうだろうと思ってついていくと、案の定、芦屋の朝日が丘の甲南中学・高校までの送迎バスに乗りこんでいきました。同窓会総会では高校のJazzバンドのコンテストで日本一になった、ブラス・アンサンブル部の後輩たちの見事なJazz演奏があり、現校長の松田先生の閉会の挨拶では「私は、勉強では関学に負けて

もいいけど、お洒落では絶対に負けるなと言って日々生徒を教育しています。今日お集まりのOBの諸先輩のようなカッコいい、スマートな紳士を育てる所存であります」と言って、OBたちの盛大な拍手を浴びていました。

ところが意外なことに、そんなお洒落な甲南中学、高校の制服はいまだに詰襟の学生服なんです。

僕には甥っ子が四人います。そのうちの最年少、甥っ子No.4の大ちゃんは甲南高校の二年生、一六歳なので僕のちょうど四〇年後輩にあたります。大ちゃんが甲南中学に入学した時、彼の母親（僕の妹）は大ちゃんの発育速度から、彼が巨大化すると予測し、身長一八〇センチAB体の既製品の学生服を購入したのです。案の定、中学に入学するやいなや、「走れるデブ」である彼は、逸材としてラグビー部に勧誘されました。そんな彼の学生服姿を見ると急に僕も着てみたくなったんです。大ちゃんに借りて、四〇年ぶりに母校の学生服に袖を通した僕は思わず歌を口ずさんでいました。

「大きな空〜に、梯子《はしご》をかけて〜、真っ赤な太陽、両手で摑《つか》もう。誇り一つを胸にかかげて、怖れ〜知らない、これが若さだ〜そうとも、これが青春だ〜」。知りませんか？　布施明が歌っていた、テレビドラマ「これが青春だ」の主題歌。

きわめて自然の成り行きで、久しぶりに学生服を着てみて思い出したのは、僕らの甲南中学・高校時代の制服に対するこだわりです。四〇年前の甲南中学・高校には、滅茶苦茶にお洒落な子が多かったですね。現在の学生服が既製品で大雑把なサイジングなのに、僕らのころの甲南中学・高校の学生服は二つの洋服屋さんが指定テーラーだったんです。どちらも神戸市内の畑洋服店と平田洋服店。畑さんとこが今で言うス・ミズーラなら、平田さんとこはビスポークでした。僕は平田さんとこのクライアントでした。生意気な話ですが、平田さんには採寸、仮縫い、すべて自宅に出張してもらっていました。トラオさん、渡辺さん、柴田さんなどのテーラーさんが来た時に父がするように、玄関の大きな姿見の前でミリ単位の仮縫いでの修正をしてもらいましたね。

当時の僕のこだわりはもっぱらパンツのシルエット。裾幅一九・五センチ、膝幅二一・五センチ、当時「トップ」と呼ばれたテイパードモデルが流行で、不思議なことにこのバランスは、今流行のPT01のモデルと同じです。すでに僕らは、膝幅が裾より二センチ広いのが一番綺麗なシルエットだと知っていたってことでしょう。当時の甲南の中学・高校生はIVYスタイルが主流で、濃紺の学生服の足元はチャッカーブーツを合わせるのが流行りでした。一応制服には黒の革靴と校則では決まっていたのですが、そこらへんはお洒落な僕らのことです。茶色のチャッカーブーツを黒のＷａｘで磨いたりして、まるでエドワード・グリーンやベルルティーみたいなアンティーク仕上げのチャッカーブーツが出来上がったりしました。靴といえば、中二のときにクラスメイトの梅園君なんかはＧｕｃｃｉの革靴で学校に来ていたんです。六八年のころですよ（梅園君の靴遍歴は、現在もピエールコンテ、バリーニ、ラタンジ、アルカンド、ステファノ・ベーメルでのス・ミズーラへ繋《つな》がっています）。

この梅園君は学生服にもこだわりを持っていて、ポケットのフラップは「もっさい」だけで不必要とばかり両玉縁の切りポケットにしていました（まるでベルベストやないの！）。彼は調子に乗りすぎて、「不良で後にロックシンガーになった、桑名正博君にどつかれたそうだ」とか、この手の話をＦａｃｅｂｏｏｋの昔話に書き込んだら、どつかれたのは別人の佐藤君だったそうです。どうでもいい話ですみません。

なにせ甲南中学というところは勉強はせんでもよい、「個性尊重」が第一の教育方針だったので、必然的に生徒の興味は誰が一番「新しいもの見ぃ～つけた！」の才能を持っているかだったんです。このことが、後々僕らの人生の悲哀を生むことにもなるのですが、豊かな人生への素養を身につけることになったのも確かです。

同級生たちの中でも特にお洒落だった岡本章介君のことを思い出しました。彼は蝶ネクタイをつけたユニークでお洒落なお父上に連れられて入学式に来た時から、すでにセンセーショナルな存在だったけど、高校生のころにはスコッチ・テーラーに生地を持ち込み、自称「鳴尾のジュリー」こと恒川君たちとイギリス製濃紺のサージ生地で学生服を別注していたんです。しかしその学生服が、あまりに高級感があるのに気がついた先生にすぐに取り上げられたそうです。甲南中学・高校は関西有数のお坊っちゃん学校だったので、下校時にカツアゲ（他校の不良少年による恐喝行為）に遭うのは日常茶飯事だったけど、時々こんな風に良い物を持ちすぎていると、先生からもカツアゲされるわけです。もっともお洒落な彼らにはそんなことは想定内で、二着ずつオーダーしてあったそうです。

そういえば僕自身も高一のとき、後に一〇〇倍の値段で転売することになったロレックス・デイトナ・ポールニューマンを、鷲見豊三郎（ブッチャーというあだなの怖〜い先生）に取り上げられそうになったっけ。ブッチャー先生は本当に怖い先生でしたよ。授業中脱線して、ご自身が陸軍中野学校を出た後、大陸でスパイ活動をした時の話なんかするんです。でも鷲見先生の話は時々創作もあったような気がします。今から考えると、先生が豊橋の陸軍予備士官学校にいた時に見た犬が実に働き者で、足に蹄鉄を打って荷車を引いていた、というお話なんかは、きっと先生のファンタジーだったような気がします。

ところで甲南高校の先生にイギリス製生地の制服を取り上げられた、お洒落な岡本章介君のイギリス好きはとどまるところを知らず、数年後、大学生になって免許を取るやいなや、ロータス・ヨーロッパを購入。次の年にはロールス・ロイス・シルバークラウド、アストン・マーチンDB6（ボンドカー）と数年で乗り換えていました。一九歳でロールスロイスを運転していたのは世界的に見てもユニークな存在だったと思いますよ。

他にも、当時生産台数が少なかった伝説のスポーツカーである、トヨタ2000GTを二台色違いで同時に買った先輩の米田さんや、コルベット・スティングレーの同じ色のを二台、一ヵ月以内に買い換えた守石君がいました。守石君は一台目を買ってすぐ事故って廃車になったので、友だちに運転が下手だと言われると思い買い換えたんです。結局ナンバープレートが変わっていたのですぐにばれたんですが。これらの、まさに小説より奇なり的な、甲南ボーイの車道楽を語るのは、また別の機会にさせてください。

ところで、学生服を貸してくれた甥っ子大ちゃんですが、成績優秀で普通科では学年で一番らしいです。おかげでAFS（アメリカン・フィールド・サーヴィス）財団の留学生試験に合格して、今年の秋からイタリアへ留学します。AFS財団の留学生試験の面接で留学先の第一志望にイタリアを選んだ理由は、Tony伯父さんのようにお洒落でグルメな大人になりたいからと答えたそうです。可愛い奴です。

小学校の高学年の時、シリトリをしていたら、リ＝「理想の人」と言うので、難しい言葉を覚えたな！　と喜んでいたら、ギ＝「義理の妻」と発言し、この子大丈夫やろうか？　と波紋を広げた大ちゃんでした（妹はお産が重かったせいかと悩んだそうです）。

大ちゃん、イタリアに行って、ちょいワル少年になって帰国するんやろうね。ボローニア近郊にホームスティするそうやけど、喰いすぎてこれ以上巨大化するなよ！

2

追憶は紫煙の彼方へ

昔、「夜のヒットスタジオ」というテレビ番組がありました。

この歌番組に初めて友人のロック・シンガー桑名正博君が出演した時、僕は桑名君にＴＢＳの地下にあった、チョコレートケーキで有名なＴｏｐｓで、お昼御飯にレーズンのいっぱい入ったカレーをご馳走になったんです。

何でも桑名君は初めてのテレビ出演で「哀愁トゥナイト」という歌を歌うんだそうで、心細いので最後まで付き合ってくれと言いだしたのです。彼は僕の中学の同級生でした。僕が甲南中学に入った時点では彼は中二だったんですが、中三を二回やることになって、早い話が落第してきて、同級生になってしまったんです。桑名君の場合は頭は良かったんですが、

登校拒否生徒だったので、出席日数が不足して落第したんです。甲南中学では中学のときから落第させるので、中高六年間を一〇年くらいかけて卒業する猛者もザラにいました。たとえば陸上部の楠田君なんかもそうでしたね。灘甲戦という、灘と甲南のスポーツの大会中に、砲丸が頭に当たっても平気だった、強靭な頭蓋骨の持ち主の楠田君も、頭蓋骨の中の内容物の機能は弱かったんですね。

彼は落第さえしなければ、ワンセット一色だけで六年間過ごせる、持ち上がりの体操服や校内靴を、ひょっとしたら三色着てみたかったために落第したのかもしれませんが、おかげで一〇年くらいの年月を中高卒業までに要してしまっていました。

甲南高校の修学旅行では、部屋で麻雀をするのは公認で許されていたんですが、さすがにタバコは御法度でした。でも麻雀は銜《くわ》えタバコでやらないといけないのが、当時の日本の常識だったので、見物人のタバコと合わさって、部屋の中は煙もうもうの煙突の中状態、洗面器に入れた吸殻はすぐに満杯になりました。そんな時、通称コケシという友だちに吸殻交換を頼んだんですが、彼が洗面器の中にうずたかく盛られた吸殻を部屋の外に捨てに行こうとドアの前に立った時、何者かがドアをノックする。その時コケシ君は両手で洗面器を持ったまま、「インディアン!」と合言葉を投げかけたんです。それに対して、ドアの外から、「タコ喰わない」という正確な返答が帰ってきたので、コケシ君はドアを開けたのです。ところが、そこには社会科の岡崎先生が浴衣の前をはだけて、一杯機嫌で実に嬉しそうな顔で立っていたんです。おそらく麻雀を見学するつもりで合言葉を誰かから聞きだしたんでしょうね。ところが先生の目の前には山盛りの吸殻入りの洗面器を持ったコケシ君が立っていたわけです。

先生としては、これは問題にしないわけにいかない状況だったんですが、岡崎先生はなぜか部屋の中にいた楠田君のほうを見ながら、「コケシ君、そのタバコは誰が吸ったんだ?」と聞いたのです。それに対してコケシ君は、間髪いれずに、アウンの呼吸で「先生、楠田君が全部吸いました!」と答えたんです。だって、楠田君は中高一学年を二回ずつやっているので、とっくに二〇歳を過ぎているんです。コケシ君の機転の利いた対応に岡崎先生は、「楠田、吸いすぎると体を壊すぞ」と一言残し、部屋を去っていきました。

甲南中学・高校では、基本的に喫煙は現行犯逮捕がルールだったみたいです。

中三の時、日曜日に三宮で偶然会った岡崎先生は、「オイ、透けてるぞ!」と一言だけ言って立ち去ったんですが、その時は、先生が何を言ってるのか良く分かりませんでした。

その時に着ていた、当時流行の最先端の、白のボーリングシャツの胸がすけて乳首が見えてるのなら、ニプルスみたいに絆創膏でも貼ろうかな？　でもヘインズのTシャツ着ているし、先生も変なことを言うな〜、と一瞬思ったんですが、よくよく考えると、胸のポケットに入れたショート・ホープの箱が透けていたんですね。

僕は中二からの喫煙歴でしたが、高校生になると、愛煙家の数もずいぶんと増えて、休み時間には教室の外のベランダで五、六人が立ち話をしながらタバコを吸っていました。僕は覚えていなかったのですが、先日、同級生の恒川君に聞いた話では、ある時、みんながベランダでタバコを吸いながら、「世界一のギタリストは誰だ」という話題で盛り上がっている時、僕が咥えタバコで「ジミヘンに決まってるやんか」と言ったそうです。「何でや？」と聞くジェフ・ベック派や、クラプトン派の友人も、僕の言った一言、「ジミヘンは口でギター弾けるやんか」に妙に納得して沈黙してしまったそうです。我ながら、当時から説得力のある少年だったみたいです。

そんな休み時間の紫煙立ちこめるベランダの与太話の中で、今でも覚えているのが、倉本君が言った、ジミヘン即ち、ジミ・ヘンドリックスが「パープル・ヘイズ（紫の煙）」という彼の代表曲の中で、突然「エクスキューズ・ミー、我、キスさすかい？」と大阪弁で歌っている、という主張です。

自宅でレコードの歌詞カードを見ると、「エクスキューズ・ミー、フォアイル、アイ、キス、ザ、スカイ」でしたよ。残念なお話ですね。

でも、煙がもうもうと立ち上る、あのベランダの真上が教員室だったのに、なぜ僕らは捕まらなかったんでしょうね。

このように甲南中学・高校の先生方は、タバコを吸っているところを現行犯で押さえないと、逮捕しない暗黙の了解があったみたいですが、ホンチャンの補導員はそうは行かなかったですね。咥えタバコで歩いていた同級生のエトウ・カツジ君（通称カッちゃん）は不運にも、補導員の職務質問に引っかかり、正直に本名を語ったのですが、もちろん年齢を四歳くらい詐称して答えたんです。

当時のおまわりさんや補導員さんたちもなかなかのツワモノ揃いで、彼に生年月日を聞いた後、すかさず「干支はなんだね？」と聞いてきました。それに対して、カッちゃんは「カツジです」、と答え、再度「だからエトゥはなんだね」と聞かれても「カツジです」と答えたそうです。カッちゃんとしては四歳年上の干支が思い浮かばないので、これで押し通して逃げ切ろうとしたのですが、かえって補導員の心証を悪くしてしまったとか。

おまわりさんはもっと怖いんですよ。喫茶店でタバコを吸っていた恒川君は、「高校生の癖にタバコを吸うんじゃない」と説教したオッサンに、「ほっとけ！　うるさいわ、オッサン」と抗弁したら、そのオッサンがやにわに胸ポケットから警察手帳を出したんだそうです。

おかげで恒川君は、喫茶店の前の歩道のアスファルトのジャリジャリがデコチンにめり込むような土下座を長時間強いられたそうです。ほんとに僕らの学校の先生方はみな優しかったですね。それに比べると、世間の常識がいかに高校生に厳しかったかがよく分かります。実は今は吸わないタバコを僕が本格的に吸い出したのは、桑名君のせいでもあったんです。

今の彼からは想像できないでしょうが、中三の時の彼は引き籠りの登校拒否生徒でした。国語の村上先生がそんな彼を心配して、せめて午後の授業だけでも出てこさせようと思い、学校から五分ぐらいの芦屋の山の手町の彼の家に、「昼休みに、何人かで呼びに行って連れて来てくれ」と言うので、いつも彼の家に「く〜わな君、あ〜そぼ〜」ではなく、「く〜わな君、せんせいよんでるよ〜」と言いに行くんですが、桑名君のお家では珍しく中学生でも喫煙が公認だったので、僕らお迎え組は、まさしくミイラ取りがミイラになってしまいました。

五〇〇坪ほどあった彼の家の、御先祖の勲章をいっぱいぶら下げた肖像画の架かった居間で、ジミヘンやオーティス・レディングのレコードなんかを聞きながら、タバコをぷかぷかさせていると、午後の授業に出る気がなくなってしまうのです。そして夕方になると、僕らお迎え組も桑名君も、持参した私服に着替えて、三宮にあったディスコ、「メイド・イン・日本」にいそいそと出かけました。一九六〇年代後半のメイド・イン・日本は、横尾忠則さんのイラストが壁面に描かれたサイケデリックなインテリアと、ストロボを多用した、これもサイケデリックな照明が最先端の感覚のお店でした。

ハウス・バンドはマリストOBで結成された、ヘルプフル・ソウルという連中で、これは横浜のゴールデン・カップスと並び称された、当時日本でも数少ない本格派のリズム・アンド・ブルースのグループでした。僕らは目一杯大人ぶってスーツとか着ているんですが、一八歳未満入店お断りのディスコに一四歳で入っていたので、アルコールを飲むのはヤバすぎると、さすがにジュースしか飲んでいませんでした。

お店はワンドリンクでジュースがつくコースが三三〇円、ビールがつくと五五〇円だったと記憶しています。

桑名君とは、中三の時に一緒に行った、神戸の松蔭女子高校の文化祭で、地元の不良グループにボコボコにされた苦い思い出もあります。

出席番号順に不思議とカ行の四人、草山君、倉本君、コモヤンと呼ばれた僕、桑名君が襲撃されたのですが、桑名君以外の僕を含む三人はワンパンチでダウンしてしまい、僕なんかすぐに戦意喪失して、死んだ振りをしたのですが、桑名君は妙に根性があったため、不良グループの車に乗せられ拉致されてしまったんです。その後何があったのか？　ま〜この話はここまでにさせてください。とにかく、お坊っちゃん学校の甲南の学生にも、まるで映画の「パッチギ」のような青春があったということですね。

後に甲南唯一の女性の音楽教師と喧嘩して学校を去っていった桑名君ですが、僕とは退学後も交友関係が残っていたせいで、東京のテレビ局で再会した時は、カレー一杯の見返りとして、初出演の生放送の番組の終了まで付き合わされたのです。この時大学生だった僕は、憧れのキャンディーズを生で見られて感激しました（僕はちょっと太めのスーちゃんのファンでしたよ）。

今から思うとその後、引退宣言で普通の女の子になりたいと言ったキャンディーズですが、見れば見るほど普通のネーチャンだなとちょっとがっかりしながら、スタジオの片隅で、何度も繰り返されるリハーサルを見ていました。あの番組の出演者の中では、司会をしていた吉村真理さんがずば抜けてお洒落でしたよ。

あの日の吉村さんは、ピンクとグレーのアンサンブルを着ておられました。そして本番では桑名君もサーモンピンクのスーツで「哀愁トゥナイト」をＴＶで初めてお披露目しました。他のことはほとんど憶えていないのに、吉村真理さんのジャケットや桑名君のスーツの色だけは妙に鮮明に覚えているんです。人間は歳をとると不思議ですね。昨日の晩御飯に何を食べたかは思い出せないのに、こんなことを突然に思い出したりするんです。

読者の皆さんは、桑名正博君のサーモンピンクのスーツの思い出と、僕の学生時代の喫煙の思い出が、あたかも取って付けたように繋《つな》がるのを「何たる成り行きだ！」と思って読んでいるかもしれませんが、何となく構成ができているでしょ。これから僕をファッション・コラム界の松岡正剛と呼んでもいいですよ。

そうそう、サーモンピンクの話題にもどるんでしたね。サーモンピンクは上手に着ると、中年以上の日本人には大変しっくりと馴染むし、断然お洒落に見える色です。ほとんどベージュに近いサーモンピンクのブルゾンやジャケットに、シンプルに白のインナーで明るいグレーのパンツなんかをシックに合わせるのは、絶対若いもんにはできない着こなしです。

ここで問題なのは色目、クラシコ・イタリア風の発色の綺麗過ぎるサーモンピンクより、モード系のたとえばジル・サンダーが作りそうなグレー、ベージュ、ピンクを合わせた中間色のくすんだサーモンピンクを選ぶと、落ち着いていてまったく派手に見えないし、無彩色のようで彩色という、なんとも言えないシックな世界が広がりますよ。僕は服飾評論家ではないけど、男も女もくすんだ原色が一番体の線をセクシーに見せると確信しています。

サーモンピンクは優しい色なのでサンフランシスコのゲイの街、カストロ・ストリートの町並みやアパートのドアーにふんだんに使われていて、独特な風情を作っています。アルマーニさんのミラノ、ボルゴヌォーボの事務所の壁もすべてサーモンピンクで、窓枠が落ち着いた赤、例のポンペイの赤ですよ。

僕のサーモンピンクのジャケットの着こなしですか？　ただで教えるのはもったいないような気もするけど、最近は竹繊維で作ったジャケットに、インナーにプラム色のニットを、ボトムスにこげ茶のパンツを合わせます。

サーモンピンクは大人の色気がないと着こなせない色だそうですが、元不良少年にサーモンピンクは似合っているでしょうか？

3
イギリスの公衆電話の怪人

僕の青春時代はインターネットなんか夢の夢、Ｆａｃｅｂｏｏｋなんて、夢の夢の中の「妄想」と言ったところ。

Ｆａｃｅｂｏｏｋはそれこそ「いいね」ですよね。人間は人と繋がっていたい生き物なので、イタリアへ留学中の甥っ子ともチャットできたりするし、何より買い物依存症で洋服をたくさん保有しすぎの僕は、毎日「今日の塩梅」と称してコーディネートを掲載して、自分のワードローブの整理をするのが一種の趣味になってしまいました。

自らモデルになって全身写真を載せたりして、「いいね」や「コメント」をパソコンでページにログインしたまま待ち構えているんです。何を隠そう、僕の夢はいつの日か「週刊平凡」の表紙を飾り、三浦友和と山口百恵みたいにテニスラケットなんか抱えて、にっこり微笑むことなんです。えっ！　そうか、「週刊平凡」なんてもうないの？　この夢も果たせなかったか～。オジンの妄想は時空を超えるってか！

スカイプやチャットなどで世界中と繋がる昨今ですが、七〇年代は人と繋がる通信手段は手紙か電話しかありませんでした。手紙については悲しい思い出はあっても、あんまり楽しい思い出がないような気がします。

井上陽水の「心もよう」の歌詞そのもの、「くもりガラスの外は雨、私の気持ちは書けません～」

ロンドンにいる時の、そのものずばりの悲しい思い出を思い出したりします。

僕の手紙の思い出は、お別れを告げる最後の手紙などの印象が強すぎるのかもしれません。何度も言うようにこのコラムの目的は服の歴史やスペック等の蘊蓄を排除して、自分の実体験から「お洒落とは何か」を考える実験なのですが、誰の人生にもある、光と影の部分の、影の部分はなるべく書きたくないんです。

挫折のない人生なんかつまらないだろうし、挫折に繋がる影の部分が、憂いのある瞳や哀愁の面影を作るのでしょうが、お腹を抱えて大笑いした光の部分の思い出があるから、僕はこれからも生きていけるし、穏やかな心でいられるんです。心穏やかでないと何を着てもお洒落にならないですものね。というわけで手紙の思い出は語りませんが、電話の思い出を少しだけ披露しましょう。

僕は一九七六年の一年間、イギリスで過ごしました。だから今でも、ロンドンの町並みを歩いたり、あの長～い地下鉄のエスカレーターに乗ったりすると、懐かしさで胸がいっぱいになり、気がつくと涙目になっていたりします。

一昨年の春、久しぶりに訪れたロンドンは、やっぱり鉛色の雲がとっても低くて、ユーミンのベルベット・イースターという歌はよくできてるなと思いました。どうも今回は「思い出の青春フォークソング大全集」みたいですみません。

いつ行っても感じるのは、ロンドンはファッションに関しては、ＮＹより国際都市だということ。

セビル・ローやナイツブリッジ、オックスフォードSt.でお買い物するアラブ諸国やアフリカ系の富裕層の人たちを見ていると、イギリスの植民地だった国々の人たちにとっては、いまだ世界の中心ということなんでしょうね。

もちろん英国紳士のファッションの本場なので、買い物好きの男性にとっては、有名なセビル・ローやボンドSt.、ニューボンドSt.なんかには、チェスターバリー、ヘンリー・プール、ハンツマンなどの老舗の仕立屋があるし（僕にとってはベイツやノックスという帽子屋さんが一番の目的です）。

ジャーミンSt.にはターンブラー&アッサーなどのシャツの仕立屋さんが軒を連ねています。名前を忘れたけど、シルクのドレスシャツと共生地でネクタイを作ってくれるシャツの仕立屋さんがあり、このお店は不思議とアフリカ系の顧客ばっかりでした。そういえばウガンダのアミン大統領もそんな格好をしていた記憶がありますね。

最近はジョン・ロブ、エドワード・グリーンなどもジャーミンSt.に移って来て、日本では絶対的な人気のクロケット&ジョーンズ、トリッカーズなどの多くの靴屋が軒を並べ、シャツ屋通りは今や靴屋通りでもあります。

でもあれですよね。エドワード・グリーンがまた日本では値上げになっているけど、今の為替相場でロンドンで買うと五割以上安いんですよ。三足も買えば格安のビジネスクラスの飛行機代が浮きますよ。

Ｓａｌｅ時期に行ったら、クロケット&ジョーンズのサイド・ゴアのスエードブーツを七〇〇〇円くらいで買ったりできるし、僕はまだ行っていないけど、ちょっと足を伸ばしてノーザンプトンまでいくと、ジョン・ロブやエドワード・グリーンの工場に併設されたアウトレットがあるそうです。

ところでジャーミンSt.では、ターンブラー&アッサーでスカーフを探していて、古い生地見本を見せてもらおうと地下室に入ると、クロケット&ジョーンズのお店と地下室で繋《つな》がっていたのはびっくりしました。資本関係があるのかな?

ジャーミンSt.と交差するバーリントン・アーケイドの中にはスカーフやストールの専門店があり、スコットランドのタータンチェックなど、なるほどと思う品揃えですが、ベルベットのストールのコレクションでもミラノのディオニスやAGO以上の充実で、このお店は巻き物好きの僕には魔窟のようなお店です。

さらに、ちょっと飛んでるストリート系ならコベント・ガーデン、キングス・ロード・チェルシーに行けばアバンギャルドな物でも手に入るし、ビーチャム・プレイスには素敵なシャツ屋さんや小ぶりのモード系のセレクトショップが何軒かあります。

正直言って、ロンドンはミラノやフィレンツェの一〇倍くらい、買いもの好きには楽しい町です。

ロンドンで必ず立ち寄るのはサウス・モルトンSt.のブラウンズ。三五年前には一軒だったこのセレクトショップは、今は四店舗に増えていてそれぞれコンセプトが異なる品揃えですが、いずれにしても非常に優れた感性のセレクトです。三五年前、初期のＢａｒｂａｓやＶｅｒｒｉ・Ｕｏｍｏ等、草生期のミラノ・モーダを並べていたこのお店には、滅茶苦茶愛想のいい店長がいましたが、どうもその人がポール・スミス氏らしいのです。

あと、お洒落なエリアはスローン・スクエアーですね。クリスチャン・ラクロアの並びがボッテガ・ヴェネタ、その向かいがアルマーニ、ここらへんは落ちついた町並みで散歩にも最適です。ダイアナ妃は独身時代、この界隈で買いもの三昧。八〇年代、そういう飛んでる女の子を、ロンドンではローン・レンジャーからもじってスローン・レンジャーと呼んでいたそうです。

ダイアナ妃で思い出したけど、ダイアナ妃はジャンニ・ベルサーチのミラノでのお葬式に参列した後、僕がミラノで一番好きなレストランである、ダ・ジャコモで、エルトン・ジョンとお忍びでお食事してたんだって。ダ・ジャコモは凄いお店ですよ。

どんなセレブでも特別扱いしないので、ジョルジョ・アルマーニとジャンニ・ベルサーチが相席を頼まれたという、もっともらしいデマが流れるほどの名店です。本当にあの店のお客さんは、みんなとてつもなくお洒落なので、自分自身もスーパースターの饗宴に参加しているような気分で食事できますよ。雰囲気だけでなく料理のほうも、白トリフのリゾットなんか、口に入れて目を瞑ったら、気絶しそうになるほど美味しいしね。

ミラノのお話はまた別の機会として、お話をロンドンに戻しましょう。地下鉄スローンSt.の駅の近くには僕が大好きなデパート、ハーヴィー・ニコルスがあります。ハーヴィー・ニコルスとNYのバーグドルフ・グッドマンのディスプレイはいつも人だかりができる奇抜さで有名です。時々巨大なキリンさんの縫ぐるみだけ置いてあって、何を考えてるんや？　という時もありますが。

ロンドンのデパートでは、ハーヴィー・ニコルスがオックスフォードSt.のセルフリッジと並んで、もっとも最先端の感性を見せるデパートです。

この二軒を見ると、NYのバーニーズが確実にダサく見えてきます（やっぱりNYでは洗練度という観点では、バーグドルフ・グッドマンが一番のデパート、二番目がバーニーズ、三番目がサックス5thだと思います）。そういえば加藤和彦さんが何かに書いていたけど、彼も世界中で一番好きな都市はロンドンだそうです。まさに西洋人が西洋の家に住んで西洋料理食っているのだから、ある意味安心感があるというのです。クラシックな服飾文化の「西洋」はイギリスに存在するんですね。

僕は三六年前にアスコット競馬場に現われた、ロールス・ロイス・コーニッシュのコンバーティブルを運転し、ツイードのジャケットを着た紳士を目撃した時のことが忘れられません。

カントリー風のクラシックな装いが周りの景色と馴染んで、その素敵さは、僕の中では当時も今も、イタリアの伊達男が束になっても勝てないんです。

だいたいイタリア人はイギリス人に対して、抜きがたいコンプレックスがあって、そのコンプレックスの権化がクラシコイタリアなんでしょうね。

もっとも洗練された男性の服の着こなしとは、英国人のようなベイシックな服を、アメリカ人の好む色を使って、イタリア人の感性で着ることだという意見を、何かの本で読んだとき、ハタと膝を打ったことを思い出します。「まるで僕のことを目撃して書かれているみたいだ!」と思いましたね。

話は今から三六年前、一九七五年に戻りますが、当時僕はイングランド南部のボーンマスという町に住んでいました。

その時同じ下宿に住んでいた、甲南の先輩でサントリーの社員だった椿原さんの友人に、アラブ首長国連邦の官費留学生のヤハヤハ君がいたんです。

僕と椿原さんはヤハヤハと妙に気が合って、しょっちゅう一緒に料理を作ってパーティーを開いたりしていました。

彼にはいろいろなアラビア料理を教えてもらいましたが、一緒にアラブ風の羊肉のハンバーグを捏《こ》ねている時、ヤハヤハが突然、「日本人は手で食事するのか？」と聞くので、「お鮨とかは手で食べる人もいる」と答えると妙に嬉しそうでした。さらに「日本人はトイレで紙を使うのか？」と聞くから「あったりまえやろ！」と答えると、今度は「そこは、ちょっと違うな〜！」と何となく恥ずかしそうに言っていました。そう言えばヤハヤハのバスルームにはトイレット・ペーパーはなくって、その代わりに手水鉢になぜか歯ブラシが添えてありました。

その後一緒に食べたハンバーグは、何と言うか、不思議な味でしたね。

ヤハヤハは官費留学生で、即ちオイルマネーの恩恵を受けていない、ごく庶民的な青年だったんですが、時々公衆電話から一時間以上出てこない時がありました。僕や椿原さんが不審に思い、ヤハヤハに何をしているのかを聞いたら、「電話をしている」という、当たり前といえばそれ以上ないほど当たり前の答えだったんですが、さらに良く聞くと、それが国際電話でオーストラリアに住んでいるお姉さんと長話していると言うのです。「お前、えらいリッチやな～」と言うと、ヤハヤハは一〇ペンスで掛けていると言う。

彼は一〇ペンスでテレサト（通信衛星）のプログラムを狂わせて国際電話を掛け放題にする「技」を開発した、と言うんです。これにはたまげたので、早速やってみろと言うと、当時のダイアル式電話器のダイアルに五本の指を突っ込み、目にも留まらぬ速さでガチャガチャ廻したと思うと、なんと最初に入れた一〇ペンスでオーストラリアの彼のお姉さんと繋がったんです。「おいおい、それって、犯罪とちゃうん！」と思わず言った僕たちでしたが、後日、町の公衆電話Ｂｏｘの前に、田舎町のボーンマスに住むほとんどの留学生が列を作っているのを見ました。僕と椿原さんが公衆電話Ｂｏｘを覗くと、案の定、ヤハヤハが例のガチャガチャ技で、手数料を取って商売していました。

ヤハヤハのガチャガチャ技は相当「ヤバイ話」ですが、ところで今このコラムで初めて告白しますが、僕と一部の甲南高校の仲間は、夜中に先生にいたずら電話をするのが趣味だったんです。それもなぜか教頭先生の「ツンコ」がいつもターゲットになっていました。最初のうちは子供っぽい電話で、小学生の僕の二番目の妹に、電話口で口笛を吹かせたりしました。なぜ妹か？　僕らは笑ってしまい、すぐに口笛を吹けなくなるけど、まだ子供だった二番目の妹は器用に、最後まで唇を尖らせて一曲奏でることができるのです。

夜中の三時に「ラジオ大阪のクイズ・バチョンで行こう！　ですが、ハワイ旅行に当選されました」とか、明け方にいきなり「ラジオ体操第一〜！」と叫んだりするたわいのない、罪のないものでしたが、ツンコ教頭の反応が一々面白くて病み付きになってしまったんです。だって、ハワイ旅行に当選されました、と電話で伝えた時なんか、ご自身がクイズマニアの社会科の先生で、アップダウンクイズにも出場したことがあるツンコ教頭は、電話口で興奮してしまい、「僕は応募した覚えないけどな〜、女房が応募したんだろうか？」とか嬉しそうに言って、全然疑っていない様子だったんです。あの様子なら、きっと明け方にかかってきた「ラジオ体操第一〜！」の電話の向こうでツンコ教頭先生は体操をしていたはずです。

でも、この手の遊びはエスカレートするもので、後に究極のいたずら電話とも言える、大仕掛けなものをやりました。

山崎君（後に僕の妹と結婚する）、古村君、僕、僕のすぐ下の妹の四人でそれぞれに役割分担を決め、きっちりシナリオを書いて、教頭先生の「ツンコ」のところに家から夜中の二時過ぎに電話しました。

ストーリーでは、甲南高校の用務員のパホムさん（甲南高校では用務員さんにもあだ名があった）が夜中に梅田のスワンというスナックで酔っ払って暴れているので、教頭先生にお迎えに来てほしい、という設定でした。それぞれがスナックの経営者、ボーイさん、酔っ払ったパホムさんを熱演し、僕のすぐ下の妹もホステスさん役で渾身の演技でしたね。

あまりのシナリオの良さと、僕らの名演技にツンコ教頭は百パーセント信じてしまい、今からパホムさんを迎えに行くと言い出したのです。これには僕らもちょっとまずいかな？と反省して、それまで酔っ払いのパホムさんを演じていた山崎君が、急に田中角栄の物まねをしだして、暗にいたずら電話であることを気づいてもらおうとしたんです。それでも、ツンコ教頭先生は「パホムさん、突然田中角栄の物まねなんかして、相当に酔っとるやろ、今迎えに行くから待ってなさいよ」と言うのです。「こうなったら仕方ないな〜、でもま〜ええっか」。

僕らはツンコ教頭先生は良い人だ、良い人だ、と言い合って、眠くなったので寝ることにしました。

その後どうなったか？　そんなもん知りませんよ。

すべてが四〇年近く前の話。時効ですよ、時効!!

4
追憶はマリアッチのリズムに乗って

僕にとってメキシコは思い出深いところで、これまでに五回旅行しています。メキシコを旅すると、必ず想像を絶するような経験をするのが面白く、病みつきになってしまったんです。

アカプルコ万歳

ロンドンにいた七〇年代中ごろ、ヨーロッパで流行したファッション・アイテムに、ローゲージのメキシカン・カーディガンがありました。メキシカン・カーディガンにはバギーパンツを履いて、足元はサボで合わせるのが、当時の若者のお決まりのスタイルでした。

最初にメキシコ旅行をしたのは、ロンドンに住んでいたころ、七五年の暮れでした。同じ下宿に住んでいた、甲南の先輩でサントリーの社員だった椿原さんとの二人旅だったんです。椿原さんと僕は、クリスマス休暇に共通の友人である、メキシコ人のラファイア・ポサドス君に会いに行こうという計画を立てました。僕が二二歳、椿原さんが二六歳で若くて体力溢れるころ、まるで沢木耕太郎の『深夜特急』みたいに、もっとも経済的な方法でロンドンからメキシコ・シティーまで行こうと計画したのです。

それにはまずアメリカ大陸までどうして行くか。船旅はさすがに時間がかかりすぎるので、飛行機で行くとしたら一番安い方法は何か。

研究の末、アイルランドの航空会社のエアー・リンガスが、ステューデント・ホリデーというUKの学生対象の特別便を、アイルランドのダブリンからNYへ往復四万円くらいの特別学割で飛ばしているのを見つけました。

僕ら二人はまずロンドンからヨークシャー州のリーズまで電車で行き、そこからフェリーでアイルランドのダブリンに渡ったんですが、一回目のトラブルはその移動中に発生しました。椿原さんの荷物が貨物室で行方不明になったのです。仕方がないので僕だけフェリーに乗ってアイルランドのダブリンまで渡り、ホテルの部屋の中で、一人でメキシコへの貧乏旅行は心が折れるだろうから、NYまで行ったらそこでしばらく遊んで、ロンドンに帰ろうかと考えていたんです。ところが夜中にノックする人がいる。ドアーを開けてみると、そこに荷物を発見した椿原さんが登場して満面の笑みを浮かべて立っていたんです。それにしても携帯電話もなく、予約を入れていたわけでもないのに、椿原さんがどうやって僕の泊まるダブリンのホテルを見つけたのか不思議でした。

翌日、ダブリン空港に到着した僕と椿原さんは、エアー・リンガスのチェック・イン・カウンターに並ぶ一〇〇人を超えるイギリス人大学生が大騒ぎしているので何事が起きたのかと聞くと、エアー・リンガス社が倒産して飛行機が飛ばないとのことでした。早くもこの旅行の二回目のトラブル発生です。

当然、椿原さんと僕もイギリス人の大学生たちと、「どないかならんのか?」の団体交渉に参加することとなったのです。丸一日の団体交渉の結果、特別に一便片道だけ学割便でニューヨークまで運行してくれることになりました。

このフライトは、僕のこれまでの人生の国際線フライトの中で、もっともユニークな経験でしたね。

学生たちもこのフライトに乗れた経緯が経緯だっただけに、フライト中はテンション上がりっぱなし。パイロットもスッチーも「どうせつぶれる会社」とヤケクソ気味で、元々全席エコノミーのみの設定なのに、お酒は全部無料、今では考えられないことにコックピットのドアーをフライト中全開にして、順番に学生たちに操縦桿を握らせてくれる大サーヴィスだったんです。

　調子に乗って操縦桿を急に傾けた学生がいて、飛行機が四五度傾斜したりしても機長はニコニコしていました。飛行機の通路で駆けっこしたり、もうちょっとでスッチーのスカート捲《めく》りをしそうなハチャメチャなフライトでした。

　夜中にニューヨークのＪＦＫ空港に着いた僕たちは、さすがにフライト中にはしゃぎすぎたので、宿舎に決めたコロンビア大学のドミトリーにはタクシーで移動しました。ここで三回目のトラブル発生。今度は僕がタクシーの中に全財産とパスポートを入れた上着を忘れたのです。

　今度は椿原さんが一人でメキシコまで行くか、しかしそれでは心が折れそうになるので、二人ともニューヨークから引き返そうかと相談していた時、タクシー・ドライバーがコロンビア大学のドミトリーまで僕の上着を届けてくれたのです。当時のニューヨークはデ・ニーロの映画「タクシー・ドライバー」のころで、もっとも治安の悪かった時期です。ドミトリーの寮監は、めったにない幸運だからドライバーにお礼をしなさいと言うので、僕はお礼に一〇ドル差し上げました。なんせもっとも経済効率の良い旅行の実験中なので一〇ドル出すのが限界だったのです。

そういえば大学生の時も、友人の小川君とコケシ君の三人で貧乏の限界に挑むような北海道旅行をしたのですが、あの時は帰りのフェリーの中でメロンパン一個を三人で分け合いました。三分の一のメロンパンを後生大事に齧《かじ》りながら僕が読んでいた本が、水上勉の『飢餓海峡』だったのが不思議な偶然だったのをよく憶えています。

その後、サンドイッチと飲み物を持ち込んで、一度も途中下車することなく、座禅を組む修行僧、いやむしろ即身仏のように、グレイハウンド・バスに三日三晩座ったままでテキサス州のラレドまで移動した僕たちでした。本当に悟りを開けそうでしたよ。でもこのアメリカ国内の三日間のバス移動より、メキシコ国境を越えてからの二日間の移動の方が倍疲れました。

道はボコボコ、バスもボロボロ。窓ガラスは割れて寒いし、臭いし、うるさいし、へとへとになってメキシコ・シティーのバス・ステーションに到着したのですが、四回目のトラブルがここで発生しました。なんと椿原さんが友人のラファイエ・ポサドス君の連絡先を書いたメモを紛失していたのです。このときは二人で一〇分間以上涙を流して、ついでに涎も流しながら、腹を抱えて大笑いしました。

気を取り直した僕たちは、電話帳でポサドスという家に、手当たり次第に電話しましたが、幸運なことに四件目にラファイエの親戚の家にヒットして、バス・ステーションまでラファイエが迎えに来てくれたときは、まさに桂小金治のお昼のワイドショーの、涙の御対面みたいだったんです（古すぎてこんな番組知らないか?!）。

その後、メキシコ・シティーでのポサドス家のクリスマス・パーティーやソチミルコの舟遊び、テオティワカンのピラミッド見物。さらには、メキシコ第二位の広告代理店のオーナーである、ラファイエのお父上のプライベートジェットに乗せてもらい、アカプルコの別荘で過ごした、ずっとバッカルディー・コークでほろ酔いだった、新年までの夢のような一週間の思い出。特に大晦日から新年にかけてのパーティーは、ラファイエの一家がアカプルコで一番のディスコを貸しきっての盛大なもので、メキシコ中のお金持ちのバカ息子とイケイケ姐ちゃんを集めた感がありました。

これらの、まるでエルビス・プレスリーの「アカプルコ万歳」のような、夢のようなリゾートの思い出は、僕の一生の宝物となりました。

プエルト・バリアータ危機一髪

ロンドンからアイルランドのダブリン、ニューヨーク経由で、メキシコ・シティー、アカプルコを目指した、あの青春のメキシコ旅行から一五年近くの時が経ったころ、僕はサンフランシスコに住んで、パロアルトのヴェンチャー・キャピタルに勤めていました。そんな八〇年代の終わりごろ、サンフランシスコ市内のカストロ・ストリートと並ぶゲイ・ネイバーフット、即ちオカマが多いエリアにポーク・ストリートという街がありました。誤解なきように声を大にして言いますが、僕はそっちの気はありません。ただゲイの人たちの感性は嫌いではないのです。彼らの心の襞《ひだ》々の多さが生むユニークな感性に共感するところがあります。

たとえば、サーモンピンクのドアーに、レインボーカラーの旗を窓から出すなんて、心和むじゃないですか。

そんなポーク・ストリートを歩いていて発見した小さな洋品店は、カーキやベージュのサファリジャケットやグルカショーツ、そのインナーに合わせる動物のプリントのTシャツなんかが置いてあって、「探検に着ていく服」というコンセプトの珍しい商品構成のお店でした。僕はその年、たった一人で過ごすことになったクリスマス休暇を、メキシコのプエルト・バリアータで過ごす予定だったので、そのお店でブッシュ・ハット、Tシャツ、サファリジャケット、グルカショーツを購入しました。そのお店は、その後あれよあれよという間に全米に支店を作って、今ではアメリカを代表するカジュアル・ブランドとなったバナナ・リパブリックだったんです。

七五年暮れに甲南の剣道部の先輩の椿原さんとメキシコ旅行をして以来、僕はメキシコの不思議な魅力、何かトンデモナイ発見が毎回あるのが病み付きになり、八〇年代中ごろ、アメリカの会社にいたころはバカンスというとメキシコ一辺倒でした。

僕のいた会社のCEOの原丈人さんご自身が、マヤ文明の考古学研究が趣味だったのに影響されたこともありますが、原さんに連れられて行ったチチェン・イッツァやウシュマルの探検は、まさに「インディ・ジョーンズの冒険」のようなアドヴェンチャー的な要素もありました。そしてユカタン半島ではメリダの人類学博物館で、原さんと二人で想像力の趣くままに、マヤ族の古の生活について議論するのが、実に楽しかったんです。考古学とは究極のロマンティストの学問だと知りましたよ。僕と原さんにとっては、シリコンヴァレーのハイテクの世界で仕事をしている現実と、一八〇度かけ離れた世界に入り込んで行くのが、何よりのリ・クリエーションだったんです。

あれは確か、八八年の暮れのクリスマス休暇だったと思うのですが、ポーク・ストリートのバナナ・リパブリックで購入した探検家風のコスチュームに身を包み、一人でメキシコの太平洋岸を旅することになりました。

イスラム・ヘセール、プログレッソなどの寂れたリゾート地にはベトナム戦争で傷ついて車椅子生活になったGIのコミューンがあったりして、なかなか発見の多い一人旅だったんですが、最終的にクリスマス・イヴはメキシコ太平洋岸でのアカプルコに次ぐリゾート地、プエルト・バリアータで過ごすことにしました。

ビーチから少し離れたギラソルという南国情緒満点のリゾートホテルに宿泊していたのですが、朝食を食べている時、長い黒髪のメキシコ美人が僕のテーブルを訪れ、「貴方お一人でご旅行ですか？　良かったら私と闘牛を見に行きませんか」と言うのです。僕は「困っちゃうな〜。メキシコでもモテモテかよ〜！」と心の中で叫びそうになりましたが、ビーチで一人で遊んでいると、昨日みたいに地元の悪ガキに「葉っぱ買ってよ！」と取り囲まれ、断るとロケット花火の水平撃ちで脅されるだけだし、今日はこの美女についていこうかな、ということになったのです。

闘牛を見に行く約束の時間にホテルの玄関に行くと、なぜかその美女は僕をマイクロバスに乗せて、他のホテルを廻りだしました。

闘牛場に着くときには、僕以外にもアメリカ人の一人旅の四人のオッサンや兄チャンが相乗りしていました。

やっぱりこんなことか、と納得しながら闘牛を見終えて帰ろうとすると、件の美女は、これから面白い所へお連れします、と言うのです。まあいいか〜、暇だしついていこうと思っていると、やはり僕以外の四人のアメリカ人たちも同じ考えだったらしく、それに闘牛場からタクシーも捕まりそうにないので、大人しく再度マイクロバスに乗り込んだのです。

マイクロバスに乗った僕たちが案内されたのはビルの駐車場でしたが、そこからエレベーターで連れてこられた部屋は、カーテンを締め切った真っ暗な部屋だったんです。これは相当ヤバイことが起こりそうだと覚悟を決めた時、突然その部屋の電動カーテンが開くと、プエルト・バリアータのビーチが一望に望める絶景が窓の外に広がったのです。そして、驚いたことにその場はラグジュアリー・コンドミニアムの分譲や、タイムシェアーのリゾート倶楽部の会員募集のプレゼンテーションの場に早代わりしたのです。

僕はこんなところには一生に一度来るか来ないかなので、興味がないから帰らせてほしいと言ったのですが、なんと入口はロックされていて、このリゾート倶楽部の入会金の一部をクレジット・カードで払えと言うのです。出口には脇の下のホルスターに入れた大型拳銃を見せ付けるように上着をはだけた、メキシコ人の見るからに怖そうなオッサンが立っていました。

ところが僕は前日に一人乗りのモーターボートで遊んでいる時にはしゃぎすぎて、お尻のポケットに入れたクレジット・カードを濡らしてしまい、ホテルを出る時に少しでも乾かそうと思って部屋の金庫の中に入れて来たのです。そのことを説明すると、僕だけは会費をチャージされず、持っていた現金を巻き上げられただけで解放してくれました。

相変わらずメキシコでは、想像を絶する出来事に遭遇するな～と思ったのですが、この時の旅にはもう一波乱残っていたんです。たった一人のクリスマス・ホリデーをプエルト・バリアータで過ごして、予定通りサンフランシスコに帰ろうと空港へ向かったのですが、クレジット・カードでホテルの宿泊代金を決済したら、現金がほとんど残っていないことに気がついたのです。空港までのタクシー代もないし、メキシコの出国税も必要だし、仕方ないので、防水加工され二万円くらいする大切にしていたスポーツ・ウォークマンを、ビーチにいたアメリカ人の観光客に二五ドルで売りました。

プエルト・バリアータ空港のアエロ・メヒコのカウンターに着いた時、カウンターの前にはすでに乗客の長蛇の行列ができていました。要するにアエロ・メヒコが、一便に乗れる乗客の五〇％くらい多めにオーバーブッキングしていたみたいで、長蛇の列の僕の後ろ三人目くらいの人たちからは、アエロ・メヒコのグランド・クルーに「マニアーナ何とか」と言われてすごすごと引き返していきました。

何とか僕は乗せてくれそうなので、指定のゲートに向かったのですが、待てど暮らせどサンフランシスコまで飛ばす飛行機がやってきません。二時間くらい待っていると、どうやらその飛行機に使用すると思われる機材が到着したのですが、何と二発のエンジンの中の一つから、もうもうと煙が上がっているのです。案の定、またもや「マニアーナ何とか」と言い出して英語でようやく、"Today No flight"と短くアナウンスがありました。仕方がないので僕と同じような一人旅のアメリカ人と二人で、アエロ・メヒコに交渉してようやくホテルを手配させました。そのホテルはＣｒｙｓｔａｌという名の、実に不思議なホテルでした。

まず驚いたのは、ホテルのロビーにあった、大浴場みたいな共用ジャグジーの写真に写っている男女が、男性はともかく女性が全部トップレス、おっぱい丸出しで混浴している写真なんです。一瞬ホテル全体が風俗店かと思ったのですが、どうやらそうでもなさそうで、プエルト・バリアータの空港近くでは一番大きなホテルだったんです。

行きがかり上、相部屋となったアメリカ人のオッサンは、サンフランシスコで〝Ｏｈ Ｌａ Ｌａ〟というかなり有名なコーヒーショップのチェーン店の経営者でした。僕らは相部屋に入った瞬間に、同時に「俺はゲイと違うよ！」とかなり大声で言ったのですが、あまりにタイミングが合っていたので、二人でその後しばらく大笑いしました。そしてその不思議なＣｒｙｓｔａｌ Ｈｏｔｅｌには、何と大きな日本庭園付きの日本料理店があったのです。メキシコ料理に飽きていた僕らは、当然その日本料理店で夕食を食べたのですが、着物を左前に着て巨大なカンザシを挿したメキシコ人のウエイトレスがサーブした数々の日本料理？ は想像を絶する味でしたね。どう想像を絶する味か、ですって。あえて言うならば、出てきた味噌汁がハッタイコと鉛を混ぜたような味だったと言っておきましょう。

翌日一二時に再集合してくれと言われた僕たちサンフランシスコ行きの乗客ですが、昨日のこともあるので一〇時には空港に行くことにしました。昨日煙を上げていた飛行機をよく見ると今度は昨日と反対側のエンジンにしきりと放水しているのです。

またもや二時間ほど、何の説明もないまま待たされた僕たちですが、ようやく機内に案内され、座席につけました。ところがその後一時間ほど、何のアナウンスもなく、飛行機は出発しません。ようやくパーサーのアナウンスメントがあったと思ったらこうです。

「昨日は第一エンジンの不都合で御迷惑をおかけしました。実は今日は、もう一つの第二エンジンの調子が思わしくないので、またもや出発が遅れてしまい大変御迷惑をおかけしました。さすがに二日もフライトをキャンセルできないので、機長は今日こそはサンフランシスコへ向け、出発したいと申しております。機長は自信があると申しておりますが、ここは一つ自己責任ということで、御希望の乗客の方には、今から飛行機を降りていただいても結構です。ただし、積み込んだお客様のお荷物は、今さら下ろすのはややこしいので、そのままサンフランシスコまで全部持って行かせてもらいます」

この機内アナウンスメントの、「機長は自信があると申しております」あたりでかなりの違和感があったんですが、そこまでアナウンスがあった後、なぜか突然、大音響のマリアッチが流されたのです。この時、一人のアメリカ人の女性が大声で「うるさい！　こんな状況でマリアッチをかけながら、客に重大な決定を迫るな！」と怒鳴りました。

しばらくすると、油で汚れたつなぎの作業服を着た、中年の見るからにいい加減そうな、テキーラを飲みすぎて苺みたいな赤鼻になったオッサンが機内に入ってきたんです。パーサーがアナウンスメントを再開して彼を紹介しました。

「これがこのプエルト・バリアータ空港の整備主任のゴンザレスさんです。彼は整備には絶対の腕と自信を持っているので、今回は一緒にサンフランシスコまでの飛行に乗って行ってくれるそうです」。このパーサーのアナウンスの後、別のアメリカ人の乗客の一人が「飛行中に何か起こったら、中から直せるのか?」と至極真っ当な疑問を大声で怒鳴りました。

この後三分の一の乗客は飛行機を下りていったのですが、僕はメキシコにもう一泊する気力が失せていたので、なぜか、太宰治のように「生まれてきてすみませんでした」と心の中で呟き、そのままサンフランシスコまで乗っていきましたよ。

サンフランシスコ空港に飛行機がタッチダウンした瞬間、搭乗した三分の二の乗客は、大歓声でお互いの勇気を讃えあったのです。

日常の生活に刺激がないとお嘆きの読者の方がおられたら、ぜひともメキシコ旅行をおすすめしますよ。

5
天下の二枚目

僕のすぐ下の妹の結婚式の仲人は、昭和の大スターで天下の二枚目と言われた長谷川一夫さんでした。

長谷川一夫さんは王貞治さんの次に、日本で二番目に国民栄誉章を受けた人だったんですが、もっと分かりやすく、いかに大スターだったかを説明するエピソードとして、僕が横浜の桜木町で落とした定期券入りの財布の中に、長谷川一夫さんの名前と電話番号を書いたメモが入っていたので、それを拾った人がまずは長谷川さんに電話してみて本物かどうかを確かめてから交番に届けたという、けったいな行動をとったことからも理解できます。

昭和の映画スターは、長谷川一夫さんにしても石原裕次郎さんにしても、今のキムタクの

二〇倍くらいのカリスマ性があったと思うんです。もし今、落ちていた定期券に、木村拓哉の名前と電話番号のメモが入っていたら、財布を拾った人が電話してみるかどうかは分かりませんが。しないやろな～。僕はそんな気がします。

おかげで僕の財布は戻ってきたんですが、交番のおまわりさんによると、僕の財布を届けてくれた親切な人は、正真正銘の長谷川一夫と電話で話ができて、大感激したことをずいぶん興奮して話していたそうです。

その長谷川一夫さんと比較しても、僕の父はハンサムさではドッコイドッコイ、身長やファッションセンスの総合得点では上位にあったとか、サンローゼ赤坂のブティックで俳優の二谷英明氏が、父をまじまじと見詰めた後、店長さんに「あの人のお洒落さとハンサムさは、そんじょそこらの芸能人では敵わない」と言ったとか、北新地を父が歩けば、今で言うところのキムタク登場みたいになって、ホステスさんたちが大騒ぎになったとか、これらの僕の話が単なる法螺《ほら》話ではない、という証拠の写真が出てきましたので添えておきましょう。

この写真でお分かりのように、父はハンサムな上に秀でたファッションセンスの持ち主でした。

この写真は妹の婚礼のための荷飾りの時、長谷川一夫さんが家に来られた際に撮ったものなので、確か七八年の撮影です。

父はＢａｒｂａｓやアルマーニにどっぷり漬かる寸前で、ビスポークの三センチ強のピッチの3ピーススーツを着て、エルメスの落ち着いた色調ながらもカラフルなタイをつけています。父はビスポークで服を作る時は、生地、デザイン、仕立ての順で選んでいました。

ここらへんの話は、分かる人は分かるが、分からない人にはさっぱりという話ですが、仕立て、デザイン、生地の順番で服を選んで作ると、スペックやディテール重視の、某クラシコイタリア教教祖の服飾評論家先生みたいな、色気のないことになってしまうんです。僕は彼の評論家氏の著書の帯に確か、「センスより知識が大切だ」的なことが書かれているのを知って、愕然としたことがありました。

ある意味確信犯的に、オタク宣言をしたのは画期的ですが、あの本の帯の文言は、なぜか恥ずかしくて外国人には見られたくない気がしました。

もっとも、スペック（仕様）重視の方が、雑誌にとってはクラシコイタリア・ブームなる（僕から見たらナンセンスなトレンドだと思う）ものをプロヴォケイティブに作りやすかったということなんでしょうね。

でもそのせいで、日本の紳士服業界が一時、ガラパゴス的にクラシコ偏重になりすぎたと

長谷川一夫（向かって左）とジージ

思います。
ファッションのトレンドなんて、ベーシックとモードを行ったり来たりしながらも、新しいイノヴェーションを取り入れて進化して行くはずなのに、世界的に見ても日本でのみ、コンサバとも違った、古臭いだけの感性が主流になっちゃったんです。極論を言うようですが、実は色気のある服とは、一部のクラシコイタリア至上主義の雑誌や、一部の服飾評論家の逆を狙わないと成立しないんです。やっぱり「センスより知識」ではなくて「知識よりセンス」なんです。

僕は、父がテーラーさんで生地のバンチやスワッチを見る時の眼差しと、手元が大好きでした。

生地の風合いを感じ取ろうとする父の手は優しげで、服地に対する慈しみに溢れていたし、目にはいつもとは違う不思議な真剣さがありました。今になって考えると、父の生地を選ぶ目は、左脳を使う普段のビジネスマンの側面とちがって、直感を支配する右脳で考えている風でした。だから僕はいつもと違う父を感じたのかもしれません。目が違ったんです。「芸術は爆発だ！」というときの岡本太郎先生の目に似ていたんです。自宅にいても会社から持ち帰った数字だらけの書類を見る、普段の父の目とは明らかな違いがありました。

右脳と左脳と、どちらを使うかで目が違ってくるんでしょうね。

そんな父が八〇年代に入ると、誂《あつら》えの楽しみを一切捨てでＢａｒｂａｓにのめりこんだんですから、いかにＢａｒｂａｓの日本登場が衝撃的だったのかが分かります。当時のＢａｒｂａｓの日本での三大クライアントとは、Ｊａｚｚの渡辺貞夫さん、加藤和彦さん、それから僕の父だったそうです。そんな父がいかに女性にもてたかという逸話は、多過ぎるほどあります。父が母と結婚する前、兄弟で始めて後に東証一部に上場する会社を創業するのですが、その資金を作るために、父は鯨の卸しと小売の商売を千林と尼崎の市場で経営していました。その当時も別にそれほどお金に困っていないのに、「お商売には資金がお要りでしょう」というメモを添えて、お店に札束を投げ込んだ父のファンの女性がいたそうです。まれに見るハンサムでお洒落な男性が一生懸命に仕事に打ち込むと、こんなトンデモナイことが起こるんですね。

父の姉、即ち僕の伯母さんによると、大勢の父の「追っかけ」の中で、一番小さくて色の黒い、そして一番気の強い娘さんと大恋愛の末に一緒になったそうです。父は生前ＴＶで民主党の蓮舫議員を見るたびに、母の若いころみたいだと言って、ひそかに応援していました。きりっと「切れの良い女性」が好みだったんでしょうね。

七〇年代の終わりごろ、妹が結婚した当時、僕は東京の白金台に住んでいたので、長谷川一夫さんによくお食事などに誘ってもらいました。長谷川一夫さんは上品な関西弁で、相手の目をじっと見詰めながら話をする方で、他者に対する真剣な態度がこの人の偉大さの根源だと思いましたね。特に大勢が集まっての会食などでは、その集まりの中では一番末席にいる人でも、初対面の人だったらあえてその人の方を気にかけながらお話しされる。その優しさと言うか、人間としての器の大きさが印象的でした。

長谷川一夫さんは、僕にいろんなお話を聞かせてくれましたが、林長次郎から改名し、映画会社を移籍した時や、二枚重ねの剃刀で暴漢に顔を切られた時のお話、軍隊に二等兵として入隊された時の苦労話などが特に印象に残っています。

天下の二枚目は決して顔で成功したのではなく、とてつもない努力の人だったことを知りました。顔を切られて再起不能と言われた時、自分は顔で役者をやっていないという自信が心の拠り所だったとか、含蓄のあるお話をいっぱいしてくれました。

顔面の傷と言えば、僕の父も六〇歳前に瞼に癌ができて上瞼を切除し、下瞼を結膜ごと上瞼に移植して、下瞼を鼻の軟骨と顔面の他の部分の皮膚で再生するという大手術を行ったのですが、日本でも有数の名医のおかげで見事に一〇〇パーセント元のハンサムな顔に戻れたんです。でも一度目の手術後すぐに包帯を取った時は、幼い甥っ子No.2が「お化け！」と叫びました。

父はその二年後にも首のリンパに腫瘍が転移して、放射線治療をするのですが、放射線を当てる的にするため、医師がコメカミから首にかけて、○や×の印を描いていました。それを見た甥っ子No.2が、今度は何を言うかとはらはらしていると、「ジージ、病院がいくら退屈やから言うて、顔でゲームするなよな！」と言ったものです。

僕は長谷川一夫さんにはいろんなところへ連れて行ってもらいましたが、一番鮮烈に覚えているのが、第一回の日本アカデミー賞の受賞パーティーでした。七八年ごろだったと思いますが、第一回のグランプリは高倉健さん主演の「幸せの黄色いハンカチ」でした。僕は長谷川さんの御好意でそのパーティーにもぐりこんだんですが、日本映画界のほとんどすべてと言ってよいほどのスターが大集合でした。生・夏目雅子さん、生・松阪慶子さん、生・三田佳子さん、皆さん全盛時代でした。これらのトップ女優は肌をいっぱい出すイヴニング・ドレスを着ていて、カメラマンがシャッターを押すタイミングに合わせ、まるで踊りを舞うごとくにポーズを決めるんです。日本を代表する女優さんたちの輝きは本当に見事でした。

男性の中ではやっぱり、革のパンツでフォーマルをこなしていた松田優作さんの人間離れしたプロポーション、主演男優賞を受賞した高倉健さんのタキシード姿が素晴らしかったのを覚えています。

そう言えば高倉健さんとは妙なご縁がありました。僕の父は東京の乃木坂というところに、小ぶりのマンションを所有していた時期があり、三ユニットしか入っていない隠れ家のようなそのマンションで、父は一階の庭付きのユニット、二階に高倉健さん、三階に羊羹《ようかん》の老舗「とらや」の娘さんが住んでいたんです。そんな関係で僕も高倉健さんのお家はよく知っているんですが、健さんのお家の表札は実にユニークでしたね。どうユニークだったかはここでは書きませんけど。僕が白金台に住んでいたころも高倉健さんと行きつけの中華や寿司屋が同じだったので、よくお会いしましたが、ビールの注ぎ方なんかやっぱりユニークでした。どうユニークだったのかは、ここでは書きませんけど（奥歯に物が挟まったような表現ですみません）。

ところで長谷川一夫さんに仲人をお願いした、僕のすぐ下の妹には二人の息子がいて、バリ島で結婚式を挙げたのが長男のユー君、その弟の僕にとっては甥っ子No.2、「ジージ、顔でゲームするなよな」発言のタッチャンの結婚式が一〇月にあるのです。僕はタッチャンの結婚式は絶対に庭園レストランですするべきだと主張したのですが、タッチャンはロイヤルホテルを早々と予約してしまいました。「そんなアホな！　一昔前のセレブみたいにホテルなんかより、庭付きのレストランのほうが料理も美味しぃし、経済的である」と強く主張した僕の本心は、タキシードを着るときを想定して西川文二郎さんのところで作ってもらった、白い中折れハットが被りたいというものだったんですけどね。

あの白い中折れを注文した時、文二郎さんが注文書にホワイト・ロックンロールと品名を書き込んだので、訳を聞くと矢沢永吉モデルだったそうです。僕の自己愛はついに「矢沢のエーチャン」に並んだわけです。

エーチャンは偉いですよ。一〇年くらい前にサンフランシスコの名門ライブハウス、フィルモアで彼のライブを見ましたが、三〇人くらいしか入っていないお客は、全部日本人のオッサンばかりで、現地の日本料理屋の板前さんみたいなのが、乗りに乗って、鉢巻を巻いて踊り狂っていました。日本に帰ってから見たＴＶで、エーチャンは「全米ツアー大成功」と自画自賛していました。ひょっとしたら、自己愛の強い彼の内面では、本当にフィルモアが満員になったように感じていたのかもしれないですね。とにもかくにも、二時間くらいのライブでは一切手抜きしなかったしね。

甥っ子№1のユー君の結婚式は、Ｃｏｌさんの白いリネンのスーツに、サンフランシスコのウイックス・バシュフォードで買ったボウタイだったけど、今度タキシードを作るなら、秋ではあるし、やっぱり張りのあるツープライのモヘヤあたりでしょうかね。

色は黒でしょうね。黒は生地によっては羊羹色に見える時があるので、ミッドナイト・ブルーが良いという人もいるけど、やっぱり黒にしましょう。廻りがみんな黒なんだから、生地の良さと仕立ての良さで、同じ土俵で勝負しないと邪道だと思うのです。もともとタキシードなるものはエスコートする女性を美しく見せるため、男性は目立たないようにする目的で極力シンプルなデザインで白黒モノトーンの二色使いが正統だとか言うし、イタリア男などは、お洒落できないから結婚式にはタキシードを着ないとも聞いたことがあります。

イタリア人にとってのタキシードとはオペラ鑑賞の服装だそうです（確かにミラノのギャレリアで土曜日の夜、タキシードにイヴニング・ドレスの一団がスカラ座に向かって歩いていったのを見たことがあります）。

要するに最大の懸案事項は、いかにフォーマルのドレスコードの中で、個性的にタキシードを着て、「さすがＴｏｎｙさん！」と言わせるのにはどうしたらいいのという問題です。

やっぱり帽子は文二郎さんのところで作った白の中折れで、時計はパティック・フィリップのカラトラバかピンクゴールドのジャガールクルート・レベルソですかね。でもＦａｃｅｂｏｏｋ

で岸田一郎さんに相談したら、やっぱりフォーマルにはWGかプラチナのほうが正統派だとか。それならいっそのこと、ランゲ・アンド・ゾーネのランゲ・ワンの白を買おうかな〜。

ブレスレットもしたいね。ブラック・ダイヤか白のダイヤのテニスブレスレット（アトランティック・シティーでジャック・ポットを当て、その足でNY四七丁目のダイヤモンド街で作ってもらった）をつけようかな〜。でもブレスレットはやめて、日本橋のコイノールで作ってもらった、ダイヤの安全ピンの形のラペルピンをつけようかな〜。白無地のシルク・ストールより、同じ白でもＥｔｒｏのペイズリーのシルク・ストールかな〜。

あれもつけたい、これもつけたい。でもいっぱいつけたら邪道だろかな〜。教えて貴方、悩める五六歳です。

甥っ子No.１のユー君は早々と友人の結婚式用に、Ｃｏｌでシングル・ピークドラペルのオーソドックスなやつを作ったし、肝心の新郎であるタッチャンは、チャコールグレーのタキシードを天満橋のコチネッラで作ったし。僕はどっちのテーラーにしようかな〜。シャツはどうするんだ？　アスコットチャンはタキシードピケの良い生地をいっぱい持っていたな。二泊三日くらいで香港に行こうかな〜。Ｅｔｒｏにペイズリーの地模様がうっすら分かるウイングカラーのシャツがあったけど、あれなら結婚式の後もジーンズでドレスダウンできるかな～。

この前、甥っ子No.2のタッチャンがアスコットチャンで作った、お遊びの黒の半そでのタキシードシャツ。結構よくできていたものね。やっぱり香港行こうかな～。

そうだ、僕のタキシードはパルプフィクションの中でハーヴィー・カイテルが着ていたみたいなダブルブレストにしようっと！　そういえば、元祖ちょいワルおやじの岸田一郎さんは、タキシードはあえてモードのほうがカッコいいと、G・アルマーニのス・ミズーラのミッドナイト・ブルーに、エルメスの見るからにゴージャスな変わったクレリックのシャツを合わせていたな～。あれもカッコいいな～。

そういえば、アカデミー賞の受賞パーティーでのハリウッドのセレブ連中は、相変わらずアルマーニ愛用者が多くて、最近はタキシードにボウタイではなく、普通の黒のネクタイを合わせるのが流行みたいだけど、あれを日本でやったらお葬式みたいで、冠婚葬祭のルール破りになるのかな～。

僕は服飾のスペックや決まりごと、ましてやディテールの知識を語るのは、フリチンで歩くより恥ずかしいほうなのですが、一応は伯父さんなので、最低限の常識は確かめておかないといけないと思うんです。

僕は某男性ファッション雑誌の「定番検定」という企画を立ち読みして、六〇問くらいある問題のただの一問も正解を答えられないほど服飾に関する知識がないんですが、一応最低限のフォーマルのドレスコードは尊重するつもりなんです。

妹の披露宴の時、仲人の長谷川一夫さんはダブルのストライプのタキシードジャケットでグレーの側章入りのパンツだったけどあれもいいな〜。あの結婚式では仲人さんがお色直ししたけど、あれは芸能人だから許されるのかな〜。伯父さんはお色直ししたら顰蹙《ひんしゅく》買うかな〜。

最近これらの難題を考えると眠れません。

追記

タキシードは現在天満橋のコチネッラで製作中です。ヴェスティメンタ社が開発した、アルマーニの黒ラベルのベストセラーのジョウゼット生地２１１２とそっくりの生地を、意地になって探してきた中條さんの情熱に感謝します。

6

哀愁のイトー課長

僕の父はスーツ姿の後ろ姿に特にこだわりを持っていて、スーツを新調する時は、入念に後姿のシルエットをチェックしていました。波乱万丈の人生を過ごした父は、スーツ姿の男の背中が何を物語るのかを、よく知っていたんだと思います。

僕にも男の後ろ姿に表れる人生の哀愁と言うか、悲哀と言うか、それを目の当たりにした強烈な思い出があります。

七〇年代後半から八〇年代半ばまで、僕にもごく普通のサラリーマン生活を送った時期がありました。とある伝説のお坊っちゃん商社のサラリーマン君だったのです。戦後最大の経済事件で、許永中さんや伊藤寿永光さんたちにグチャグチャにされて潰された会社です（あ～

怖～、実名出しちゃった！）。

ここまで言えば分かりますよね。どこの会社かは。

本町三丁目にあった大阪本社は、今はセント・レジアスというホテルになっていますが、僕がいた当時は二本社制で、東京本社の食品部は青山にありました。

東京の食品部に勤務していた僕は、横浜の三ツ沢にあった独身寮から地下鉄と東横線を利用して通勤していたのですが、帰りは東横線の渋谷で電車に乗ると、仕事でクタクタだったのでいつもすぐに居眠りをしていました。ある時など、電車に乗ったのはいいのですが、気がつけばやはり渋谷にいたままで、時計だけが二時間進んでいたことがありました。東横線は折り返し運転だったんですね。

そんなハードな毎日だったけど、休みの日には、当時まだ米軍基地があったエキゾチックな本牧へ行ったり、友人のクルーザーで油壺から館山までクルージングしたり、信濃屋の元町店にいた白井俊夫さんのところで服を買ったり、ずいぶん楽しい思い出もたくさんあります。でも平日の僕は極め付きのワーカホリックで、夜も一〇時より先に会社から出たことはほとんどありませんでした。

時には、独身寮に帰らずにそのまま六本木で飲み明かし、朝五時に長靴に履き替えて築地の魚市場の「競り」に参加したり（最初の配属は水産物の輸入担当だったんです）、ウルトラＴｏｎｙと呼ばれるほどのタフネスを誇っていたのもこのころです。

七九年ごろ、僕が食品部の受け渡しから営業に昇格し、東南アジアからの冷凍エビの輸入担当と、タイの鰻養殖事業の担当になった時、イトーさんはオーストラリアのメルボルン事務所での駐在を終え、七年ぶりに東京勤務になって水産課に課長として配属されてきました。イトーさんはオーストラリアでは主に羊毛の商売のエキスパートだったのですが、僕らの上司の食品部長がイトーさんを気に入り、無理を言って繊維貿易部から引き抜いたのです。イトーさんは噂にたがわず優秀な商社マンでした。三国間貿易、補償貿易、プラント輸出など何でもござれ。もともと安宅産業出身で波乱万丈の商社マン人生を送ってこられただけに、ツワモノのビジネスマンだったんです。

僕が得意先の倒産に引っかかった時、イトーさんは「Ｔｏｎｙ君、債権者が押しかけるかもしれないので、君は得意先に貼り付けよ。でも何か起こったら、電話をくれればすぐに俺も行くから安心しなさい」と言ってくれました。

倒産寸前の得意先で、「お前ら商社の人間が相場をつり上げたせいだ！」と興奮した経理担当役員に靴べらで殴られながらも事務所にへばり付いていた僕でしたが、見るからにヤーサンと思える一団がやってきた時、ついに電話Ｂｏｘに走り「イトー課長、とうとうヤクザ登場です！」と伝えると、イトーさんはすぐにタクシーで飛んできてくれました。

そしてイトーさんは、『難波金融伝』の萬田銀次郎風の債権整理屋のヤクザに、「貴様は何者だ！」と言われた瞬間、「俺か〜？　俺がＴｏｎｙの上司のイトーや！」と大見栄を切ったんです。

あの時のイトーさんは、遠山の金さんみたいでしたね。後日開催された食品部のゴルフコンペのあと、お風呂で一緒だったイトー課長の背中に「桜吹雪の刺青」を目をこらして探したくらいです。

そんな「オットコマエ」のイトーさんでしたが、水産課長赴任早々では、さすがに水産物の相場観は持っていませんでした。だから部下の若手商社マンたちが、それぞれの担当する商材で、博打のような商売をしているのには気がつかなかった様子でした。

しかし、これも時間の問題で、優秀なイトーさんのことですから、半年もすれば自身の相場観を取得して、部下に適切なアドヴァイスを与えることになっていたでしょう。なんで「なっていたでしょう」と過去完了なのか？

残念なことに、イトーさんの水産課長としての久しぶりの東京勤務は四ヵ月で終焉したのです。それも気の毒なことに、イトーさん自身のミスではなく、部下である僕ら若手の、商社マンというよりむしろ相場師に近いヤカラが、滅茶苦茶やって会社に大損させた責任を取らされたのです。

僕自身は気が弱いので大きな相場こそ張らなかったんですが、自分が担当だったタイのバンコクでのジョイント・ヴェンチャーの鰻の養殖事業で、養殖池の中の鰻の数が把握できなくなっていたんです。あの時ほど、同じ食品部でもブロイラーの養鶏をしている友人を羨ましく思ったことはありませんでした。だって、鶏はゲージの中なので数を数えられるけど、鰻は池の中、どのくらいの大きさで何匹いるか数えられないんです。

ちなみに、銀行は毎日B／S、即ち貸借対照表を作りますが、商社は毎日P／L、即ち損益計算書を作ります。これで在庫を計上し、損益をはじき出すのですが、僕のアカウントだけ、在庫がでたらめで原価計算すらできなくなっていました。さらに悪いことに相場が高騰する土用の丑の日の時期に、養殖池の水からコレラ菌が発見されて日本向けの出荷ができなくなったのです。結果として、あれよあれよと言う間に当時のお金で四億五〇〇〇万円の損金が見込まれました。

後に、僕がどんな奥の手を使ってその四億五〇〇〇万円を回収したか、かなり専門的な話なので今回は書きませんが、ちょっとした経済小説より面白い仕掛けになりました。興味がある方は僕と直接会ったら教えてあげますよ。

でも在庫が把握できなくて、おまけに出荷できない、商社マンとしてはドツボに嵌った僕のプロジェクトのジレンマが発覚した時点では、四億五〇〇〇万円は損金処理せざるを得ないと思われました。

僕とイトー課長は当然のごとく、会社トップたちの集まる常務会に呼び出されました。居並ぶ重役連中の前にかしこまって立った僕に、専務がいきなり「そこの若いの、なんでお前は会社のバッチをつけてないんや」とねっとりとした口調で小言を言いましたね。僕は「これはサンローゼ赤坂で買った最新のルチアーノ・バルベラなんでフラワーボタンのホールがないんです」とも言えないので、ぼそりと「穴開いてないんです」と答えると、専務は「それやったら、錐で穴あけんかい！」と今度は小言でなく、役員会議室に響く大声で怒鳴りましたよ。

その後一時間くらい、まるで裁判にかけられたようでしたが、判決ともいえる僕らの処分として、「Ｔｏｎｙ君は若いのでもう一度商売を勉強し直すチャンスを与える。大阪の国内繊維部隊で子供服の企画をしなさい」と言われました。実はこの時、内心では子供服と言えど、やっと好きだった衣料品関係の仕事ができるとほくそ笑んだのです。

でもイトー課長はこう宣告されたのです。イトー君は「部下の損失の責任を取って、アフリカはケニアのナイロビに赴任しなさい」と。

僕はあの時ほど、人間の肩が「ガックッ」と落ちるのを見たことはありません。まるでダルマ落としで一気に三段抜いたようでした。これこそが正に男の後姿に漂う哀愁というやつでしょうね。どんな名優でも表現できないリアルな絶望が体で表現されたのです。その姿を見ながら、僕は心の中で「イトー課長、ごめんなさい！」と叫んだのです。

七年ぶりの東京勤務でせっかく帰国できた奥さんと子供さんを一緒に連れて行くのはさすがに酷なので、単身赴任したイトーさんでした。半年後に海外主幹者会議で帰国したイトーさんは、大阪の繊維部にわざわざ僕の顔を見に寄ってくれました。イトーさんは割と元気そうで、そしていつものように明るく上機嫌に「Ｔｏｎｙ君、元気か！　東アフリカに来たら是非寄ってくれよ」。と言ったので、僕が「イトーさん、ワンマンオフィスは気楽でいいですね。二日酔いで昼から出てきても誰も怒らないし」と言ったら、「そんなことは俺のプライドが許さん」とぼそりと言い、さらにイトーさんは珍しく怒った顔になって、でも聞こえるか聞こえないかの小さな声で、「お前らのせ〜や」と言いました。僕は、それまでどんなことが起こっても部下のせいにしなかったイトーさんの愚痴を初めて聞いたのです。

その後、立ち去ったイトーさんの後姿は、かつて「桜吹雪の刺青」が入っていると幻想した勇ましい背中が、気の毒なぐらい猫背で小さくなっていました。口ではどんな強がりを言ってみても、男の背中に漂う哀愁は隠せないものなんですね。

7

名古屋港の健さんの地下足袋

第六話、「哀愁のイトー課長」のところでお話しした鰻のプロジェクトの手仕舞いですが、お会いした人に思いのほか聞かれるので、後日談を簡単にお知らせしましょう。
まず、バンコックの鰻の養殖事業で、会計上の償却処分もやむなきと思われた四億五〇〇〇万円の焦げ付きは、タイの養鶏業者のパニャチョチタワンという実業家に、将来的に鶏用の配合飼料工場を建設してやるとの口約束だけで、鰻と池、白焼き工場ごと売りつけ、その資金は日本から貸付金として、輸出入銀行で調達した低利の資金を送金しました。それも、ちゃんと通産省の海外投資保険をかける正攻法で社内稟議を取ったうえで送金したんです。
ここにちょっとしたトリックがあって、海外投資保険をかける時の通産省でのプレゼンテーションは、我ながらクリエイティブなプレゼンでしたよ。だって、失敗したプロジェクトを新規事業として投資保険をかけたんですから（生命保険で既往症なしで保険に入るようなもの）。

その後、フィフティー・フィフティーの可能性で返ってくるはずの貸付金の様子をはらはらしながら見ていたんですが、計らずもタイ・バーツの価値が五分の一に切り下げられてその貸付金も無事回収されたんです。

さらに言うと、一〇年後くらいにＴＶの「世界バリバリ☆バリュー」という番組を何気なく見ていたら、鰻事業を引き継いだジョイント・ヴェンチャーの経営者が、タイの養鰻、養鶏王、大富豪のパニャチョチタワンさんとして紹介されていてびっくりしました。為替相場や国際金融市場に連動するビジネスは一寸先が闇になるか、それとも輝かしい成功になるかは、大局を見極めるビジネスセンスに加え、強運が必要だということですね。

波乱万丈のイトー課長とは、二〇年くらい後にＮＹのヒルトンホテルでばったりお会いして、手を取り合って再会を喜びました。

この第七話もＴｏｎｙさんの商社マン秘話第二弾です。

一九七二年ごろ、ある雑誌に、当時のファッション・リーダーでまだ俳優だった伊丹十三氏が、青山のお洒落なカフェで今で言うところのレッド・アイ、僕らは「ヴェトナム・カクテル」と呼んでいたビールとトマトジュースを割った物を飲んでいる写真を見ました。その写真を見て驚いたのは伊丹十三氏が米軍放出物資のM65にベルボトムのジーンズを合わせて、なんと足元は地下足袋を履いていたのです。

「う〜ん、地下足袋か?!　ユニークな着こなしだな〜」と思いながらもそのコーディネートを真似る勇気はなかったですね。地下足袋って男らしい履物ですよね。地下足袋にはこんな思い出があります。第六話でお話ししたように、僕は大学を出てから東京で商社マンになりました。営業では食品部に配属になり、水産物の輸入担当になったんですが、新入社員だったころは食料本部全体の受け渡し担当でした。

七〇年代の終わりの日本は、後の減反政策の直前でお米を作りすぎて余ってしまい、政府が古米、古古米をODAの一環の無償援助として東南アジアの国に輸出することになったんです。そして食糧庁との入札条件に合致した九つの商社がそれぞれ持ち回りでトランパー(傭船《ようせん》)を手配し、担当の港で所定の数量のおコメを、所定の時間内に積み込む契約を食糧庁と交わしたんです。

そんな七八年の八月のお盆明けのころ、まだ雑用しかやることが許されない、役立たずの僕を食品部長が呼び出し、名古屋港での本船への積荷監督を命じたんです。東京のオフィスでは一番いてもいなくてもよい存在だったんでしょうね。

受け渡しの貿易実務は、輸入に関してはようやくマスターしたころでしたが、輸出の、しかも傭船での実務はさっぱり知識がありません。甲南の同窓の梅園君のお父上がトランパーの船会社を経営されていたので、これ幸いとばかりにいろんなことを教わりました。「四〇年目の学生服」のところでも書きましたが、中二でグッチの革靴を履いて学校に通っていた、お洒落な甲南ボーイの梅園君も、七八年当時は東京の証券会社の新入社員でした。神戸から上京したシティーボーイの彼は、アルファ・キュービックの知人にお願いして、まだ日本では入手不可能のアルマーニのスーツを月給の二倍以上で購入して、夜な夜な六本木のヘンリーアフリカなんかでうろうろしていたんです。梅園君のお父さんは背筋の伸びた元海軍士官のカッコいい人で、息子の友人が商社にいるのをいつも気に留めてくれて、東京に出張されたときは必ず、僕の顔を見に寄ってくれていました。なんせ船会社の社長さんなんで、港湾関係のことは何でも知っていましたよ。

本当に若いころは、いろんな方にいろんなことを教わって、お世話になって、大人になるものです。

後に対中国補償貿易での漁船の輸出では、漁船の輸出業務を担当したんですが、「補償貿易」とは漁船を乗組員込みでタダで提供して、対価に取れた魚をタダでもらい相殺勘定にする商売で、当時まだ貧しかった中国の福建省漁業公司とのトランザクションでした。

僕は本船の輸出書類を一ヵ月かけて作り上げたのですが、船の輸出書類は備品が一万種類くらいあって、それを全て英文に変えて輸出通関書類を作る気の遠くなるような作業を完了した時、漁網は繊維製品なので、通産省の輸出許可がいるのを知って愕然としました。出航予定日まで一週間しか残っていなかったんです。

慌てた僕は、顔面蒼白で霞ヶ関の通産省にすっ飛んで行きました。

ところが漁網の輸出許可の担当者は、組合活動が忙しくて自分の席にいることが少なく、おまけに意地悪な奴でなかなか許可をくれないのです。「この漁船が予定通りに出港できなかったら、僕はくびになるかもしれません」と泣きついてもその意地悪なお役人は、「そんなことは、君の都合だろ！　順番を繰り上げるわけに行かないので審査に二週間はかかる」と言います。「そこを何とかお願いできませんでしょうか？」とすったもんだした挙句、どうにもこうにも埒が明かなかったんです。

その時、ふと同級生の奥田君の秀才のお兄ちゃんが、東大を出て通産省にいるのを思い出して、同じ通産省のビルの奥田君の兄ちゃんに、ほとんど泣きべそをかきながら、何とかならないか相談に行きました。

持つべきものは友だちの兄さんですね。奥田君の兄ちゃんは僕の見ている前でいろんなところへ電話してくれましたよ。ノン・キャリアの漁網の輸出許可担当者は、自分より年下でも、前途有望な若きキャリア官僚の言うことは聞かざるを得なかったんでしょうね。奥田君のお兄ちゃんの電話の次の日に、件の漁網輸出許可担当者のところへ行ってみると、もみ手をしながら、「君待ってたんよ〜。ハイハイ、判子ね」と言いながら、ことさら丁寧に輸出許可申請書にスタンプを押してくれました。

苦労した甲斐あって、漁船の輸出通関が完了した時には、食品部長に「Ｔｏｎｙ君、今度はよく頑張ったな。ご褒美に漁船のハンネル・マーク（煙突の絵）は君がデザインしろよ」と言われたんです。

一五〇年くらい前、船場の呉服問屋だったころの会社の暖簾をデフォルメした、ハンネル・マークを煙突に描いた福州一号という漁船が出港する時、感極まった僕は横須賀港で思わず涙しましたよ。これは受験勉強を一切したことがない僕の、初めての達成感として思い出となっています。

ところで名古屋港のお話に戻りますが、名古屋港での古米、古古米の傭船への積み込みの仕事では、毎朝の打ち合わせで何組のステベドアー（荷役作業員）を入れるかなど、その日の船積みの計画を決めるだけ。あとは日本人のフォアマン（荷役監督）とインドネシア人のボースン（甲板長）にまかせっきりで、炎天下の船底での地獄のような積荷作業はほとんど無視して、インドネシア国籍のボロボロの貨物船の、しかし冷房の効いた快適な船長室で、ボロボロの船のわりには腕の良いコックの作るインドネシア料理のサテやミーゴレン、ナシゴレンをおつまみに昼間っからビールを飲んでいたんです。

夜は夜でステベドアーや乙仲《おつなか》の連中とドラム缶の上にマンホールの蓋を載せた、名古屋港名物の味噌仕立てのバーベキュー・パーティーで焼酎を飲んで、一緒に歌を歌ったりちょっとしたキャンプか合宿のような按配でした。でも港の船員用の旅館で寝ていた時、急に強烈な悪臭に目が覚めたら、ベトナム難民のボートピープルが収容されてきたのにはびっくりしましたよ。

次の日のテレビのニュースには、救助されたベトナム難民の一団の後ろでピースサインをだして、カメラに映ろうと背伸びしている僕が見られたはずです。

名古屋港のステベドアーの作業を統括する、フォアマン（沖仲仕の積荷作業監督）は三〇歳過ぎの男前で高倉健さんそっくり。実際に港のみんなから「ケンさん」と呼ばれていました。おそらく名古屋港のケンさん自身、かなり高倉健さんを意識していたんじゃないかと思いました。甲板に一人でいる時、「背中《せな》で泣いて〜る、唐獅子〜牡丹」と口笛を吹いていたような記憶があります。

ケンさんは彼の流儀というかダンディズムなんでしょうか、今時の沖仲仕は、別に普通の作業服で監督識別のヘルメット姿でもよいものを、まるで日活映画の「花と竜」の主人公みたいに、法被にニッカボッカ、足元はとび職用の底の薄い地下足袋を履いていました。

積荷作業は無難に進行し、予定していた古米や古古米を入れた六〇キロ入りのポリプロピレン袋のほとんどを本船の船底にきれいに積み終わって、あと二日ほどで東京に帰れると思っていた時です。昼過ぎに急に空が真っ暗になったかと思うと、暴風雨を伴う猛烈な台風が名古屋港を襲ってきました。

僕は雷雨の中、フォアマンのケンさんと二人で「ハッチを閉めろ〜！」と大声で叫びながら本船の甲板上を走り回ってボースンや船長を探しまわったのです。ところがボースンがいない。下級船員ではアコーデオン式に油圧で閉まるハッチの操作ができず、結果として、せっかく積み込んだ積荷は三〇分ほどですっかり水浸しになってしまったのです。

よりによってその時、ボースンもチョフサー（一等航海士）も船長も陸に上がっていたんですね。こんな時、船長とチョフサーが二人とも上陸しているのは契約違反なんです。僕はすぐにタイプライターを借りて、念書と、この出来事の顛末の確認書を英文で作り、帰ってきた船長にサインしろと突きつけたんです。その書類にサインさせないと海上保険が下りないので、濡れた積荷の損失と滞船ペナルティーがすべては荷主の商社の損失になるんですから、僕は必死でした。

どうしてもその書類にサインするのを拒んだ船長ですが、「私が話をつけましょう」とフォアマンのケンさんが言ってくれ、別室に船長を連れて行きました。別室から出てきた船長は無言で僕の作った書類にサインしてくれたのですが、ケンさんに「どんな話をしたんですか?」と聞いても「それは荷主さんは知らないほうがいいでしょう。港の掟です」と言ったのです。あの時、あまりのケンさんのかっこよさに、一分ぐらいは阿呆のようにぽか～んと口を開けて彼に見とれていたと思います。そして、あの時ほど地下足袋を粋に履きたいと思ったことはありません。

その後、せっかく積み込んだ荷物をもう一度ハッチから出して、天日乾燥をかけて入れ直し、五日ほどのデマネージ（ロスタイム）が発生したのですが、その間の滞船ペナルティーに対する海上保険求償に、僕のつたない英文で作った書類がどれだけ有効なんだろうか、と少しは不安が残ったけど、やることはすべてやったので、ま〜いっか！　と、またお気楽な船上の夏休みを楽しんでいたのです。

その後もこの貨物船は廃油を垂れ流し、サイレンを鳴らしてやって来た海上保安庁の巡視艇に航海士が逮捕される出来事があったんですが、どうにかこうにか、すべての船積み作業を完了し、二週間ぶりに東京に帰ってきたのです。ことのいきさつを食品部長に報告し、「船長のサインを取ってありますから、損失は全て海上保険でカバーできますよ」と誇らしげに報告すると、部長は一言、「Ｔｏｎｙ君な〜、君が新幹線に乗って帰ってくる間にあの船は座礁したんやで〜。座礁したんやから保険は全額下りるわ。ご苦労さん」と言ったのです。

僕のドラマティックな二週間の名古屋港での経験が、新幹線に乗っているたった二時間で大どんでん返しの結末になったんですから、これぞ「小説より奇なり」のお話ですね。

8

人工衛星と呼ばれた男、Hさんのついた嘘

昨年、神戸三宮のチンクエ・クラシコさんのス・ミズーラの案内をもらったので、僕は黄色のシアサッカーのジャケットを作ってもらいました。生地はホーランド&シェリーのコットンです。古くなったアルマーニ社の、今では希少価値があるかもしれないアッピ・モーダ縫製の黄色いシルク・シアサッカーのジャケットから、大振りのボタンだけを外して今度のシアサッカーのジャケットにつけてもらったのです。付属持ち込みってやつです。出来上がったジャケットはパターーン・オーダーながら着易くって、このお店が神戸で人気のある理由が分かりましたよ。

ところでアッピ・モーダ社とはヴェスティメンタでもGFTでもない、知る人ぞ知る、ア

ルマーニのファクトリーだった会社で、もっともアバンギャルドな提案をアルマーニさんにできた会社です（アカン、アカン、禁を破って薀蓄を語ってしまった）。

僕にとっての黄色いシアサッカーのジャケットは、このチンクエ・クラシコので三着目になるのですが、そこで最初の一着目を僕にプレゼントしてくれたHさんのことを思い出してしまいました。Hさんは僕が商社に入った時、新入社員二人に一人つくスーパーヴァイザーとして、貿易実務を一から教えてくれた優しい先輩でした。前にお話ししたように、僕がジョイント・ヴェンチャーの鰻の養殖をタイのバンコクでやっていた時、Hさんはバンコク事務所長として赴任中でした。

商社というところは、先輩後輩と言えども、東京本社にいるほうがサラリーマンとしては圧倒的に立場が優位なんです。日本本社で悪い噂が流れたら、それこそ東南アジア駐在要員として、バンコク、シンガポール、香港などの事務所を人工衛星のように転々として、たとえ近くまで帰ってきても東京や大阪の本社に戻れなくなるのです。僕はHさんに優しく仕事を教えてもらった恩は恩として、ちょっとでもテレックスや電報の返事が遅かったりしたら、“prompt reply”とか「ウナヘンレンセヨ」（はよ返事して〜な！）風の電報をガンガン入れたりしていました。

案の定、僕がバンコクへ出張すると、Hさんは「Ｔｏｎｙな～、バンコクでは東京で考えているスピードで仕事ができない事情を、今回の出張でよく理解してくれよな」と控え目に言い、優しく高級クラブで社内接待してくれたんです。さらに帰国時には、お洒落なHさんがアマリンかオリエンタルのテーラーで自分用に作った、黄色いサッカーのジャケットをお土産にくれました。

確かにHさんの言っていたように、バンコクでは思うように物事が進まない。交通渋滞がひどくて、Hさんの住んでいたプールとテニスコート付きの超高級マンションから事務所のビルまで、スムースに行けば一〇分のところを、渋滞に引っかかると四〇分以上かかるし、何よりも、担当していた鰻の養殖事業で、現地のワーカーの仕事ぶりがスローで「池替え」ができないという事実を知り、愕然としました。

池替え作業とは、鰻の発育に合わせたクラス替えのようなもので、鰻の養殖事業では、週に二回、池の中の鰻をザルで攫《さら》って、四段階の大きさに仕分けする作業が必要なのです。この作業で飼料効率を上げ、同時に僕の悩みだった在庫管理をします。

その何よりも大切な、池替え作業が現地ワーカーの不器用さのために素早くできず、外気が高温のため、作業中に多くの鰻を殺してしまいました。

僕は池替えのたびにタイ人ワーカーに混じって、自ら率先して池の中で鰻を摑んではザルに入れる作業をしたのですが、ある日、池の中で夢中で鰻と格闘していた時、ふと気がつくとジョイント・ヴェンチャーのタイ人社長が池の上から見下ろしているのです。それには別段気を止めなかったのですが、タイ人社長に片時も離れずに寄り添う、右翼団体から派遣されたボディーガードが、腰に下げた大きなマグナム拳銃に手を掛けているのを見た時は、なぜか泪が出そうになりました。

一応大学を出て、ホワイト・カラーの商社マンになったつもりが、これでは自分自身が、アメリカ南部の綿花栽培の奴隷みたいに思えたのです。思わず「オールマン・リバー」を歌いだしそうでしたよ。

成田に帰る飛行機の中で水割りを飲みながら、バンコク事務所の状況を自分なりに整理しながら思ったのです。Hさんもずいぶん苦労してるよな〜。だいたい、鰻の養殖事業の合弁会社のタイ人パートナーの名前が、「スパトッラチンワンナソブホン」で養鶏事業のほうのパートナーが「パンニャチョチタワン」というそうで、それを覚えて、ちゃんと呼べるようになるまで二、三日かかったとか言ってたもんな〜。

「Hさん、そんなもん、スパさんとパンさんでいいのとちゃいますの？」と言ったら、「T

ｏｎｙ、そんなんあかんよ。考えてみぃや、合弁パートナーの社員が君のことをコモと呼ぶのと同じやで～」とか言っていました。とにもかくにも、このままではストレスでＨさんもどうにかなりそうなので、Ｈさんが早く大儲けして東京本社に凱旋できたらいいのにな～と心底思いましたね。

でもなかなかそんな儲け話はなかったようで、Ｈさんが生姜を栽培して日本に輸出しようと企てた時なんか、タイ国政府が特定の地域の土地を格安で提供してくれて、さらにその土地で生姜栽培をしたら助成金が出るというおいしい話に飛びついて、Ｈさんは、ラオス、カンボジア、タイの国境地帯の指定された農耕予定地を下見に出かけたそうです。

ところがＨさんが日本から来た農業技師を連れ、四輪駆動に乗って山の中に入れば入るほど、道端で蛙を焼いて食っている農民がロレックスをはめていたり、金のネックレスをつけていて、「何か変だな～」と思ったら、突然ジャングルから飛び出したＡＫ47小銃を持った一団につかまって、四輪駆動は取り上げられ、ロバに乗せられて送り返されたんだと言っていました。

実はこの美味しい話のからくりには、麻薬王クンサーのテリトリーで、タイ政府がヘロインの原料のケシの花を栽培できなくなるようにする目論見で、一度栽培したら土地が傷む生姜栽培に助成金を出して、どこかの国のアホな出資者を募ろうという魂胆があったようです。さすがのHさんも、あの時は生きた心地がしなかったと言っていました。

商社マンの手柄とは、儲かるビッグ・プロジェクトを成功させるか、日本からVIP級の客が来た時に、信号を全部青にさせるように警官に賄賂を渡すとかの、徹底したアテンド能力と世渡り上手さで判断されるんです。

でも、そこらへんはHさんは不器用だったんですね。Hさんは「おべんちゃら」や「嘘」が言えない人だったんです。これはバンコク事務所の他の駐在員から聞いた話ですが、ブロイラーの事業を視察するため、東京の食品部長と一緒に、当時すでにかなりの御高齢だった、日本ハムの創業者で畜産業界のドンと言われるO会長がタイに来られたんです。

養鶏場の視察を終えて、駐在員事務所に休憩に訪れたO会長の前で、Hさんはどういう意図だったのか不明ですが、「O会長はお元気ですが、今年のハム業界はO会長より年下の丸大さん、伊藤ハムさんと大物創業者がポコポコ死にますね」と発言して、日本から同行してきた本社の食品部長に、テーブルの下で思いっきり向こう脛を蹴られてしまったそうです。

僕はこの話を聞いて、Hさんらしいや、Hさんはほんとうに気の毒なくらいの正直者で、世渡り下手の「嘘」一つつけない人間なんだろうなと思いました。

その後バンコク事務所に単身赴任していたHさんは、よっぽどストレスが溜まっていたのでしょうね。日本では真面目な愛妻家として知られていた人が、半年ほどで人が変わったようになりました。僕の次のバンコク出張では、ベトナム戦争時代のサイゴンのポン引きみたいな身なりをして、日本ではお酒を飲まなかったのに、朝からビールを呷《あお》っているHさんの姿を見てちょっとショックでした。

そんな二回目のタイ出張の時、Hさんは僕の耳元でささやいたのです。

「Ｔｏｎｙ君は物知りやろ～。あのな、風俗へ行ったら、アンダーヘアーに毛虱さんが寄生してもうたんや。今度半年ぶりに嫁さんが日本から来るのに困ってるんや。パンツ脱がんわけにいかんしな～」

僕は適切なアドバイスとして、Hさんに言ったんです。「先輩、相手は虫でしょう。そんなもん、キンチョールかけたら死ぬんとちゃいますか？」

Hさんは僕のアドバイスにしたがい、キンチョールを一ビン、股間に「シュ～」したそうです。しかし、虱の生命力は思いのほか強くて、股間が真っ赤になっただけで何事も起こらなかったそうです。

その後、東京に海外主幹者会議で戻ってきたHさんに聞きました。「あの後どないしはったんですか？」。するとすかさずHさんは言ったのです。「剃ったんや！」。僕は思わずこう聞きなおしました。「そんなスッポンポンにして、奥さんびっくりしはったでしょ～」。

それに対してHさんは誇らしげにこう言ったのです。「そら、びっくりしてたけどな、流行っている、言うたんや。タイは暑い国なので、散髪屋でサービスでみんな剃ってもらうってな」


僕はあまりに堂々とした、このHさんの物言いに、妙に感心してHさんの顔をマジマジと見ましたよ。Hさんはさらに胸を張って、僕にこう言い放ちました。「Ｔｏｎｙ君、そのくらいの嘘がとっさにつけないようでは、一人前の商社マンとちゃうぞ！」。日本ハムの創業者の前で「嘘」も「おべんちゃら」も言えなかったHさんも、人工衛星と呼ばれるほどの苦労を重ねて、ついに嘘をつけるようになったんや～と、妙に感心しました。

僕は今でもこの先輩を尊敬しています。

9
ボーダーって何ですか?

僕の瞳は憂いをたたえていて、哀愁漂う男だとよく言われます。なぜ僕は哀愁を身につけたのでしょうか?

この一連のお話は、読者が面白かった、楽しかった、そして勇気が出た、と感じていただくのが目的で書いているつもりなので、本当は楽しいお話ばかり書きたかったけど、今回だけは僕の憂いのその謎を明かすためには避けて通れない少し重いお話です。次からまたお笑い路線に戻るから安心してね!

これまでに僕の商社マン時代のお話を三回書きましたが、その後、食品部からドラスティックな人事異動で、大阪の婦人子供衣料生地部の、子供服の企画担当になってからのお話はまでしたよね。商社マン生活の中で食品部のころはまだお笑いネタになる話が多いのですが、大阪の繊維部に移ってからのお話はちょっと重すぎるので、書くのを躊躇していたのですが、この連載を読んでいる方の中には、当初思っていた以上に商社マン時代のお話を読みたい人がおられるのが分かったので、商社マン秘話の四話目です。

大阪本町の船場センタービルの四号館と五号館には、ミラ・モーダという並行輸入を扱うお店が五店舗あります。

イタリア製のローファーが一万円以内であったり、展示会に出されたインコテックスやハイドロゲンが七〇パーセント引きだったりするので、買い物好き、良い物を安く買うのが好きな、典型的関西人の僕はミラ・モーダの店舗をよく覗くようにしています。

今でも船場センタービルを歩くと、あのころのことが昨日のように思い出されます。船場センタービルは、堺筋本町の一号館から御堂筋本町を過ぎた十号館までの高速道路の高架下にある、世界的に見ても大規模な繊維街で、ドブ池、久宝寺町に並んで多くの製品の現金問屋さん、生地屋さん、付属屋さんが軒を並べています。

僕は東京の食品部から大阪の国内繊維部に配置転換された当時、この船場センタービルを毎日、夢遊病者のように彷徨っていた時期があります。

大手商社とは、御存知のない方には想像を絶する厳しい世界なんです。そして僕の商社マンとしての運命も、ご多分に洩れず過酷でした。

通常、商社の営業では、それぞれの商材でエキスパートと呼ばれるようになるまでは、先輩にくっついて得意先を廻ったりしながら仕事を覚えていくものなのですが、僕の食品部から繊維部への配置転換の場合は、水産物の営業経験があったという理由だけで先輩の指導は一切なく、いきなりノルマを課せられ、得意先も四社紹介されただけでした。そして課せられたノルマは、なんと紹介された四社の得意先の売り上げ総額とほぼ同じ額だったんです。普通、国内のアパレルメーカーの売り上げに対する原料の仕入れ代は三〇パーセント以内だと思われるので、四社の得意先がすべて原料の仕入れを、僕からのみの仕入れに切り替えても、目標ノルマの三分の一に満たないのです。

さすがにこれには、「こんなん、無茶苦茶なノルマやないですか！」と普段おとなしい僕も、会議の席で真っ赤な顔になって、唇を震わせて大声で抗議したんですが、繊維本部の部長に、「何を言ってるんや！　お前はこの船場で一五〇年の暖簾を背負って商売できるんやぞ！　這いずり回ってでも、得意先くらい自分で開拓せんかい！」と言い返されました。

ふくれっ面の僕に対して、横に座っていた、直属の上司の子供服第二課の課長が「口答えすんな」と小さくささやいたのです。

でもいくら繊維部門では老舗の暖簾があっても、そんな簡単に新規の得意先なんか見つかりっこありません。近くには繊維部門では日本で一番の総合商社のＣＩがいるし、付加価値の低い商品の値段の叩きあいでは勝てっこないんです。

そんな状況では、毎日、船場センタービルを端から端まで夢遊病患者のように歩いて、何か秘策がないか考えるしかなかったんです。

そんなある時、僕の横に座っていた同じ子供服第二課のＦさんという先輩が、得意先を紹介してくれるというのです。これには僕も素直に感謝して、Ｆさんに連れられて箕面の繊維団地にあるＨメリヤスに行きました。

このＨメリヤスはもっとも単純な丸首のＴシャツなどを作っていました。極めて付加価値の低い商品しか作れないけれど、財務内容が良い。年商一〇〇億円くらいで同族経営のニット製品の縫製会社だったんです。

Ｈメリヤスは社長が弟さんで、専務がお兄さんということからも分かるように、厳しい創業者であり、二人のお父さんである会長の下で急成長した会社で、原料の仕入れはもっぱらＣＩに頼っていました。僕は原料仕入れの担当の専務、即ちお兄さんのほうと商談をすることになったんですが、同族会社の悲哀を体から滲み出すような、苦労人を絵に描いたようなHメリヤスの専務は、初対面の僕に対して、「とりあえず、君とこのボーダーのサンプルを持ってきてくれよ」と言ったんです。

僕は「ハイ、大至急お届けしましょう」と言って本町三丁目の会社に戻ってきて、隣の席の先輩に「ボーダーって何ですか？」と聞いたんです。すると先輩は「横シマのことや！お前、自分の着ている物はお洒落な、ええ物なのに、そんなんも知らんのかいな」と言いました。

そっか、横シマのことか、と納得して一〇階にある生地のサンプル倉庫に入って、僕は腰をぬかしそうになりました。

だって、二〇メートル×三メートルくらいのラックにボーダーのサンプルが何千枚も吊ってあったんです。その中から子供服に使えそうなのをピックアップして、黙々と羅紗鋏《らしゃばさみ》で生地を切り、ボール紙に貼り付けて生地サンプルを作りはじめたんですが、守衛さんも帰ってしまい、僕のいる周辺以外は真っ暗になったビルで一人っきりになって徹夜で作業しました。しかし、翌朝他の社員が出社してきた時にも、スワッチは半分もできていません。

こうなったら意地や！　と昼御飯も菓子パンを齧《かじ》りながら、二四時間休まず作業して、次の日の夕方には汚いながらもどうにかこうにか、一応の生地サンプル帳を作り上げ、腱鞘炎でまったく物を持ち上げられなくなった右手をさすりながら、箕面の繊維団地のＨメリヤスに届けたんです。

　これにはＨメリヤスの専務もびっくり仰天して、「君ようやったな〜。繊維の商売は納期を守ることができる男が一番や、これからは俺と商売しような！」と言ってくれました。確かにＨメリヤスの専務の言うように、糸編の商売ほど個人的信用やパーソナリティーの好き嫌いが物を言う商売はないんです。これぞ商売の真髄だ、誠心誠意尽くせば何とかなるんだと思ったのは、ほんのつかの間のことでした。

　半年もしないうちに、僕はこのＨメリヤスの専務によって、糸偏の商売の底知れぬ恐ろしさを知らされることになります。

　子供服の企画・営業の担当になった僕が、あまりにもニット製品に対する商品知識がないので、さすがに実現不可能なノルマを課すような上司たちも、これでは商売にならないことに気がついて、和歌山県の紀伊田辺の山の中にあるニッター（編み物工場）に研修に出されました。

　ＪＲ阪和線の紀伊田辺駅からバスで二時間くらい紀州半島の山中に入った、猪も熊もカモシカも、ひょっとしたら絶滅した日本狼が生息していそうなほど人里はなれた山の中に、ポツンと建っていたニッターでは、住み込みの女工さんたちと一緒に、「風綿」と言われる綿埃から編み機や染色釜を保護するのが僕の仕事だったんです。肝心の編み機や染色釜は企業秘密なので、商社の人間に中の構造を見せるどころか、機械に触るのも禁じられての研修です。早い話が、僕にできることは床掃除だけでした。

この山の中の全寮制の工場では、一〇〇人くらいの女工さんと一緒に二週間過ごすことになったのですが、食堂での夕食のおかずが竹輪一本だったり、一日二四時間を三つに割る、三交代制の仕事の過酷さに驚きの毎日でしたが、シティーボーイの僕の感性が最初は拒絶した田舎娘たちともすっかり打ち解けて、夜な夜な僕一人だけにあてがわれた個室に遊びに来た数人の女工さんたちと、イギリス時代にパブで覚えた面白話や、シリトリをしたりして退屈を凌《しの》いだのです。

小学校のころから二人の妹たちと遊んでいた僕にとっては、女工さんたちを楽しませる技術だけは自信がありました。

現代版「ああ野麦峠」の哀れな女工さんたちは、すっかり僕のファンになってくれたのですが、いくら彼女たちを手なずけても、何一つメリットはなかったので、このニッターでの研修は、あたかも女性刑務所の体験入所みたいなものでした。

ところで箕面のHメリヤスを紹介してくれた先輩のFさんは、Ｔｏｎｙ君の置かれた状況はいくらなんでも可哀相過ぎるので、もう一社、自分の得意先を譲ってやろうと言い出しました。ホンマかいなと思いながらも、Fさんに御堂筋線の昭和町にあるNメリヤス工業を紹介されました。その結果、地下鉄御堂筋線の北の端、千里中央のHメリヤスと、ほぼ南の端の昭和町にあるNメリヤス工業を毎日何往復もすることになったんです。

おかげで、あのころの僕は、ロンドンの「地下鉄サム」という有名なスリより長時間を地下鉄で過ごすハメになりました。繊維の商売、糸編の商売はそれまで担当した鰻や海老のような相場商品と違い、電話でやり取りできない、商品を見て、触っての世界だったので、外回り中心の仕事で靴がすぐにボロボロになりましたよ。

Nメリヤス工業は、子供服の中でも、ヨチヨチ歩きの子供服、業界で言うところのトドラー服が得意の会社で、アクリル・シンカー・パイルや、ポリエステル・綿のハチマルトウバンなどの生地をよく買ってくれました。

でもある日、倉庫から送られてきたNメリヤス工業からの返品伝票が何か変だと気がついた僕は、名義変更された返品の反物の品番を、実際に倉庫に見に行ってみました。すると、返品された商品についていたタグから、僕がNメリヤス工業に売った商品と同じ品番で同じ生地に見えても、最初に出荷された日が一年以上前だと分かったのです。

さらに、実際に返品になった不良品の入出庫日を倉庫の入出庫帳で確認すると、それは先輩のFさんが一年前に一度Nメリヤス工業に納品した物だということが判明しました。

早い話が、FさんはNメリヤス工業と組んで僕に不良在庫を押し付けていたんです。僕はこれには心底驚いて、同じ会社の同じ部、同じ課の先輩がこんなことするのか？　と怒り心頭に発し、事の顛末《てんまつ》を課長に直訴したんです。そしたら驚いたことに、課長は「騙《だま》されるほうが悪いんや」と言って、Fさんには何のお咎めもなしでした。

こんな状況でも何とかノルマの数字を作ろうと朝六時には出社してその日の予定を立て、見本帳を作り、昼間は地下鉄御堂筋線を端から端まで何往復もして、帰社してからは伝票整理などをして、毎日夜一一時まで会社にいた僕ですが、ある日、箕面のHメリヤスの専務から電話があり、「Ｔｏｎｙさん、儲け話や！　これで君のノルマ達成できるで～！」と言ってきたんです。

Hメリヤスの専務はもっとも単純な丸首のTシャツしか作ったことがないのに、ニチイのメンズのＭＤ（商品企画担当）から、全国のニチイの店舗で展開する、秋冬物のメンズのトレーナーを全部受注できると言うのです。聞けばハチマルトウバンの生地で子供服と同じ生地を使うと言うので、僕はHメリヤスの専務と子会社のデザイナーを連れ、一〇種類くらいのデザイン画を持って本町四丁目、堺筋の近くのニチイ本社に行きました。

ニチイのMDは僕たちの持ち込んだデザインを気に入ってくれて、一万着以上のバルク（大規模）発注をしてくれたのです。

僕はHメリヤスの専務が持ち込んだ、棚から牡丹餅《ぼたもち》みたいな商売に大喜びで、その夜は久しぶりに美味しいお酒を飲みました。ところが、一ヵ月後くらいが経ち、デザイナーの描いたデザイン画に必要な生地を必要なメーターだけHメリヤスに納品し、売り上げ伝票も切った後で、ニチイのMDがカンカンになって電話してきたのです。

「お前もグルやろ！　すぐに事務所に来い！」と言うのです。僕がニチイの本社のMDのところに着いた時、Hメリヤスの専務はすでに来ていて、出来上がった見本のトレーナーを机に並べて澄ました顔で座っていました。驚いたことにそこに並べられたサンプルは、デザイン画とまったく違う見本なんです。

Hメリヤスはもっとも単純な丸首のTシャツしか縫ったことがないので、最初っからデザイナーの描いた付加価値性の高い物なんか縫製できなかったんです。

ところがHメリヤスの専務は「すんません」と言って頭を下げたまま、何も言わないんです。他の商社で生地を手配して、別の縫製工場で縫わせるのは不可能な絶妙なタイミングを狙って、Hメリヤスの専務は見本をニチイに提出したとしか思えません。ニチイのMDも全国の各店舗に秋冬メンズのトレーナーを納品するのをキャンセルできないので、小売上代を下げても、Hメリヤスで必要枚数を作らせるより他に選択肢が残っていないタイミングでした。

結果として、縫製工場の工賃だけではなく、僕の納品した原料の生地代の値引き交渉に巻き込まれて、ようやくクレームが解決したんですが、ニチイの帰りにHメリヤスの専務と入った喫茶店で、「最初からできないと分かってたんでしょ！」と抗議した僕に、Hメリヤスの専務は白々しくも、こう言ったのです。「そんなもん、何が売れるか分からへんよ、シンプル・イズ・ベスト、言うやんけ！」

その後、視線を僕から外したHメリヤスの専務は、ウエイトレスを見ながら、「あのネエチャン、ええ尻してるな〜」と言いました。このとき僕はこんなやつに負けてたまるかと心に誓いました。

その後も、子供服の商売ではいろんな艱難《かんなん》辛苦の経験がたくさんあるのですが、僕が商社を退社する時にもっとも強く慰留してくれたのが、昭和町のNメリヤス工業を紹介して、自分の売った不良在庫を振り替えた、同じ課のF先輩だったこと。それから、「あのネエチャン、ええ尻してるな〜」と言ったHメリヤスの専務が、僕が商社を退社する本当の理由を語った時に、今度は喫茶店で涙をボロボロ流してくれたことも事実なんです。

彼らもモンスターではなく、心を持った男たちだったんです。蛇足になりますが、僕の人生ではこれまで、僕のために涙を流してくれた男たちが三人います。

ここで声を大にして、本書の読者の若者に言いたいですね。男は自分のことで涙を見せてはいけないけど（海江田さん、みっともなかったね〜）、人のために涙を見せるのは恥ではないと、むしろ友情のために泣ける男になってくれと。

あの商社を去った理由は、仕事に対する不満ではありません。むしろ厳しいノルマにSMチックな快感すら感じ始めていたし、僕を騙した得意先のHメリヤスの専務とも、同じ課の先輩のFさんとも大親友になることができたのです。

僕が会社を辞めた本当の原因は、父が兄弟で創業し、東証一部上場まで急成長した従業員三〇〇〇人以上の会社でのお家騒動です。父の兄が社長で父は副社長でしたが、この社長が急逝したのです。当然父が社長に就任すると思われていたものを、亡くなった父の兄の長男で、僕より二歳年上の従兄弟を将来社長に担ぎ上げたい一派が、同じく僕という男の子がいる父を社長に就任させては将来的にまずいと考え、想像を絶する手段で父を追い出そうとしたのです。

結果として、父は会社を去ることになったんですが、このお家騒動の渦中に、父が「今回はきっとＴｏｎｙのいる商社のメーンバンクであるＳ友銀行の頭取と喧嘩することになるけど、それでもよいか?」と聞くので、「お父さんの気が治まるまで徹底的に闘ってくれ」と言ったんです。もちろん、大好きな父の無念を晴らすための喧嘩なら、当然一心同体で闘うつもりでしたが、このことが後に随分と僕の人生に影響を与えることになりました。

後を継いだ従兄弟は、一時は同業他社トップ三社の株価の総額を上回る時価を記録していた、父の会社の株価を五分の一まで下落させ、後にその責任を取らされて退任します。父は創業者として保有していた株式を一〇年かけて換金していましたから、経済的にはうちの家族は結果オーライだったのですが、やはり父のアイデンティティーと僕のささやかなアイデンティティーを一時的に喪失した心の傷は大きいものでした。

でもそんなことは、もちろん後悔なんかしていません。むしろその結果、僕は人生の悲哀を知り、哀愁と憂いを身につけ、コートの襟を立てて歩く様なんか、我ながら惚れ惚れするようなカッコよさになったのです。

中島みゆきの「わかれうた」の歌詞にあるじゃないですか。「あなたは愁いを身につけて〜、浮かれ街あたりで名をあげる〜」って。こんなこと書いたから、背筋がゾクゾクしてきた〜。寒〜ぅ！

わかれうた
作詞：中島みゆき　作曲：中島みゆき

10

アル・カポネのパンツ

　僕の父はアメリカが大好きでした。特にサンフランシスコとNYが好きで、晩年はサンフランシスコはノブ・ヒルの、フェアモント・ホテルの斜め向かいの高層コンドミニアムで、最上階とその下のフロアーをぶち抜いたメゾネット・タイプのペントハウスを購入して、母と二人で一年の内の半分を過ごしていました。父も僕と同じシティー・ボーイなんで、ハワイなんかよりサンフランシスコに別荘を買ったんです。
　父は、戦後すぐに三歳下の弟と一緒に進駐軍でアルバイトして以来、ずっとGI経由でアメリカ文化に対する強い憧れを抱いていたみたいです。洋服地はギャバジンやコードレーンが大好きだったし、オートミールやパンケーキ、ベーコンエッグの朝食が大好きでした。父はアイスクリームを食べる時は必ずお皿ではなくグラスに入れていたので、その訳を聞くと、父と叔父を可愛がってくれたＧＩの将校がいつもそうやって御馳走してくれたんだそうです。

父は勉強嫌いだったのに、一緒に進駐軍にアルバイトした叔父さんのほうはすっかり英語が好きになり、全国中学生英語弁論大会で優勝して、昭和二五年ごろ単身船旅でアメリカへ留学、数々のアメリカの名門大学でいくつものPh.D（博士号）を取得し、後にシカゴの大学で学長を務めることになります。

ちなみにこの叔父さんに僕の愛犬の命名を頼むと、インテリの叔父さんは、ドレッドノート（勇者）という名前をつけてくれました。でも大層な名前すぎて呼びにくいので、僕はドルと短縮して呼んでいます。

今もこれを書いている傍らで、大鼾《いびき》をかきながら眠るドルのマヌケな顔を見ていると、やっぱりこいつにはドレッドノートという名は立派過ぎると思います。父の姉、即ち僕の伯母さんがよく言っていたのは、下の弟が勉強している横で、Ｔｏｎｙのお父さんはズボンにアイロンをあてていた。要するに父は僕と同じでお洒落大好きの勉強嫌いということです。

そんなお洒落でアメリカ文化に思い入れの強い父とは、八〇年代は毎年のように一緒にニューヨークに遊びに行きました。

父とのニューヨーク旅行には決まりごとがいくつかあって、宿泊は必ずセントラルパーク沿いのプラザか、パーク・アベニューのウォドルフ・アストリアでした。ご存じでない方に説明すると、ウォドルフ・アストリアはアル・パチーノがオスカーを取った、「セント・オブ・ウーマン・夢の香り」で盲目の退役軍人が、そこで自殺しようと心に決めて泊まるホテルです。アル・パチーノ演じる退役軍人の最後の贅沢がブル・アンド・ベアースでディナーを食べ、スーツをビスポークしてフェラーリを運転し、五番街のダンヒルでシガーを買いこみ、ウォドルフ・アストリアで最正装の軍服を着てコルト45で拳銃自殺をすることなんです。

そんな風に映画に取り上げられるウォドルフ・アストリアには、ニューヨークの古き良き風情があります。

アメリカの本当の東部エスタブリッシュメントは、ピエールやカーライル、アルゴンキンなんかに泊まって、ウォドルフ・アストリアには泊まらないとか聞きますが、それでもウォドルフ・アストリアは昭和天皇も宿泊した名門ホテルであることには変わりません。

それに、アメリカに帰国したダグラス・マッカーサー元帥がこのホテルで晩年を過ごしたのも、進駐軍びいきの父がここを定宿に選んだ理由かもしれません。

でもこのホテルは場所柄、ピエールやカーライルより人の出入りが多い分、ちょっとセキユリティーに難あり、と感じたことがあります。エレベーターの中で物凄くセクシーな女性と乗り合わせた時、彼女がウインクをしたので、僕も無意識にウインクを返しました。その日の夜中にドアをドンドンとノックするので誰かと思ってドアまで行くと、「私、ビビアン、お願い開けて〜！」と件の女性が立っていたんです。慌てて追い返しましたよ。横で寝ていた父が目覚めて「Ｔｏｎｙ、あんなん呼んだんか？」とびっくりしていました。

父はとんでもないモーダ大好き人間で、八〇年代初頭に一緒にＮＹへ行っても、買い物にはまずシャリバリ（イッセイ・ミヤケやヨージ・ヤマモトのＮＹでのブームを作ったお店）、さらには当時まだ八番街一八丁目の倉庫街みたいな場所にあった、バーニーズの最上階のモード系売り場、五番街のバーグドルフ・グッドマンや、レキシントン・アベニューのブルーミング・デールのアバンギャルド・クロージングのコーナーで、初期のアルマーニ、Ｂａｒｂａｓ、Ｖｅｒｒｉ・Ｕｏｍｏなんかを見つけては喜んでいました。八五年くらいになるとマディソン街の六七丁目あたりに、Ｖｅｒｒｉ・Ｕｏｍｏとアルマーニが斜め向かいで路面店をオープンしましたが、八〇年代初頭はバーニーズやバーグドルフ・グッドマン、ブルーミング・デールでもミラノ・モーダのデザイナーものは、イン・ショップすらなく平場扱いでした。

父はそんな新しい物好きだったので、ＮＹで一番高級と言われたメンズ・ショップである、五番街のビジャン（入口に電話番号とBy apointment onlyと書いてあり、ドアマンはアポなしの客は無視するトンデモナイ店）で、イラン人のオーナーがわざとらしく螺旋《らせん》階段を下りてきて、「私がビジャンです！」と言って、能書きに次ぐ能書きをのたまい、商品説明をするのには何の興味も示さなかったんです。

僕がビジャンで商品を触ろうとすると、父は「こんな古臭いジャケットがなんで二〇〇万もするんや！　Ｔｏｎｙ触ったらアカン！　この店は何か変や！　汚したとか言って弁償させられると大変やぞ！」と言いました。確かにカシミヤにしてもビキューナにしても二〇〇万円のジャケットは理解できなかったですね。革ジャンなんか五〇〇万円以上していたけど、まさか珍獣レオポンの皮でもなさそうだったし、ＮＹには物の値打ちが分からない金持ちがいるってことでしょうか？

それとも、僕たち親子が物の値打ちを知らなかったのか？　でも、そんなことはどっちでもよかったんです。ビジャンさんの言う、生産背景なんかありがたがって買い物するほど、僕らはナイーヴじゃありません。僕たち親子は感性で買い物するのを信条にしていたんですから。

七〇年代後半から八〇年代初頭にかけては、後のミラノ・モーダの世界的ブームの始まる予感があったころでした。

本国イタリアでも、ミラノのサント・アンドレアのＢａｒｂａｓがまだ三〇坪くらいの小さなお店だったころです。

その小さな店内に、アルマーニさんがデザインしてヒルトンで縫製した、ローゴージの画期的なスタイルと生地のスーツや、クロードモンタナがデザインしたニットが並んでいました。

Ｂａｒｂａｓではオーナーのイタロ・アラルディーさんがまだお店に出ていたころで、彼の画期的なスタイリングはＩＶＹ育ちの僕には本当に衝撃的でした。さらにピエトロ・ヴェッリには、最初、電気屋さんかと思ったハイテクでハイタッチなディスプレーのＶｅｒｒｉ・Ｕｏｍｏがあって、そこの店長が後に刎頸《ふんけい》の友となるアゴスティーノさんだったわけです。ほんと、あのころ八〇年代初頭のミラノのサント・アンドレアやピエトロ・ヴェッリを歩いていると、物欲で息がつまりそうになり、酸素ボンベが欲しかったほどです。さらにはそのころ、ロンドンへ行くと、サウス・モルトンのブラウンズが最先端の感性のお店だったし、サンフランシスコのベッカー兄弟がウイックス・バッシュフォードに対抗して斜め向かいに開店した、超高感度ブティックのダイアゴナーレ、香港のグリーン＆ファウンド（ジョイス・グループの前身）やスワンク・ショップス、シンガポールのリンクブティックなんかでの、宝探しみたいなショッピングは滅茶苦茶楽しかったです。

自分自身の遊び心と美的感性を信じての「新しい物漁り」には、自分が最先端の感性を持っているという満足感がありました。今の日本では服飾評論家の著書や雑誌を頼りに、クラシックなスーツをナポリやロンドンで仕立てるのが洋服通とされているようですが、僕ら親子の求めていた満足感は、そんなクラシックな洋服通のオーダーメイドの満足感とは、まったく別種のもっと「カラッと乾いた満足感」でした。

父とのニューヨークでの買い物遍歴の思い出は他にもいろいろありますが、父のお気に入りのホテルである、パーク・アベニューのウォドルフ・アストリアの一階にはＳｕｌｋａというメンズブティックがありました。

このお店はギャングのアル・カポネが愛した洋品店として有名ですが、アルマーニやＢａｒｂａｓ、Ｖｅｒｒｉ・Ｕｏｍｏのブルゾンやマオカラー・ジャケットでも、ボルサリーノの中折れを合わせていた父は、下着に関してはやはりモーダではなく、このお店のシルクのボクサートランクスを気に入って買っていました。その肌触りがいかにもマフィアの親分のお好みらしいと悦に入っていたんです。

そもそも父は、七〇年代に映画のゴッド・ファーザーを見てからは、妙にマフィアに憧れるところがあって、ＪＦＫ空港でゴッド・ファーザー級のボスを迎えに来たマフィアの一団に遭遇した時、彼らがシルクの大判ストールを粋に巻く姿を、「Ｔｏｎｙ、カッコええな〜。日本のやーさんとえらい違いやで〜」と妙に惚れ惚れと見とれていたくらいでした。今、父が存命ならトム・フォードにハマルだろうな〜と思いますね。トム・フォードのミラノ、ＮＹ、サンフランシスコ、香港のブティックのどこを覗いても、ショップスタッフも顧客もみんなマフィアにしか見えないもの。

そんなわけで、僕もＳｕｌｋａのシルク・トランクスを父に倣い二、三枚は買いました。なるほど、Ｓｕｌｋａのシルク・トランクスをはいてみると、自分が大物になった気がするのが不思議でした。でも若造だった僕は、女性の前でパンツを見せる状況を常に想定しない訳にいかないので、マフィアのボス風の貫禄下着より、もうちょっと可愛いデザインのシルク・トランクスが欲しくて探していました。

後にサンフランシスコに住んでいたころ、ひょっとしてこの街になら可愛いシルク・トランクスがあるかも知れないと思い、世界最大のゲイ・コミュニティー、即ち世界中のオカマのメッカである、カストロ・ストリートのブティックを捜し歩き、千鳥格子のシルク・トランクスを見つけた時は嬉しかったです。カストロ・ストリートには僕の子分の会計士、マイケル・シャム君を連れて行ってたんですが、ついあの街独特の雰囲気につられて、「僕らも手を繋《つな》ごうか?」と言ってしまいました。別に僕は「ソノ気」はありませんけどね。

そうだ、ここまで書いたら、また別の下着のことを思い出しました。中学生の時、剣道部だった僕はインキン予防のために、もっぱら越中ふんどしを愛用していたんです。

そんなある時、梅田阪神デパートの一階にあったVANでズボンを買おうとフィッティングルームで着替え中、間違ってカーテンを開けた店長さん、越中ふんどし姿の僕を見詰めて思わず言ったのです。「お客さん、スポーツマンですね〜!」って。

11
頭が良く見える服

僕は頭が悪いのです。そのことは自分が一番よく知っているのですが、不思議なことに実際のＩＱと比べて、かなり賢そうに見えるみたいなのです。なぜ賢そうに見えるか？　何を隠そう、「賢く見える洋服の着方」を知っているからだと思います。

今回は、僕が実際より賢そうに見える特性をいかしていたころのお話をしましょう。

一九八六年春ごろ商社を退社した僕は、趣味であった料理の道に進んで、フランス料理のビストロをオープンしようと思い、阿倍野の辻調理師学校に入学金を払って、同時に神戸のステーキハウス和黒の美人マダム、クリスティーナさんに、フランス語の個人レッスンを受けることにしました。

ところがそんなある時、親戚の法事の後の会席で、偶然向かい側の膳に座った初対面のユニークな男性と妙に馬が合うというか、意気投合してしまいました。彼がこの後、僕の人生に大きな影響を与えたヴェンチャー・キャピタリスト、原丈人さんです。僕より二歳年上の彼は、日本最大の事務用品メーカーKの創業一族の一員というより、今では『21世紀の国富論』の著者で、アライアンス・フォーラムの創設者として、知る人ぞ知る日本のオピニオン・リーダーになった人です。出会ったころの原さんは、スタンフォード大学で工学部とビジネススクールの修士過程を終了し、国連職員を経てシリコンヴァレーの中心地であるパロアルトでヴェンチャー・キャピタルを創業したばかりの、まだ三四歳のキラキラと瞳輝く若き経営者でした。

そのころも今も、原丈人さんはサンフランシスコに住んでいるんですが、原さんの識見の深さに感銘を受けた当時の大阪府の岸昌知事に「大阪府特別顧問」を任命され、大阪府に対する政策提言をして二一世紀の大阪の青写真を描く立場にありました。原さんはアメリカに住んでいるので、自分と岸昌知事とのリエゾン・オフィサーとして片腕となるべき人物を探していたのですね。

そんな彼は、僕がフランス料理を研究していて、まもなく料理学校に入ることを知るとひどく残念がり、自分のプロジェクトへの勧誘をすべく、僕の父に直接、息子さんを貸してほしいと直訴したのです。後に二〇〇〇年ごろ、横浜で開かれた日経新聞主催の国際会議でビル・ゲイツをコテンパンに論破した説得力で父を説得したんです。あの横浜の国際会議の後、日本人の会議参加者が五〇〇人くらい、原さんと名刺を交換しようと並んでいましたよ。原さんもそんなに大量の名刺を持ち歩いていないと分かりそうなものなのに、日本人は肩書き社会の名刺好きですね。

父のアドヴァイスは「Ｔｏｎｙ、料理人もレストランの経営者も、いつでもできるけど、こんな面白そうな仕事を手伝えるチャンスはそうないよ。原さんについて行ったらいいやんか」というものでした。

僕も「それもそっか！」と思い、原丈人さんの仕事をお手伝いすることになったのです。その瞬間、いとも簡単に、大阪府の政策提言をする知的生産者、コンサルタントのＴｏｎｙさんが誕生しました。つい数日前までビストロのオーナーになるつもりだった僕がですよ。でもいくら厚かましい僕でも、自身の学歴や職歴がとてもじゃないけどそんな肩書きにふさわしくないのはよく知っていたので、せめて見た目でインテリ風に見えるようにしようと思いました。僕はこの時から口ひげと顎ひげを蓄えるようになったんです。当時は今より五キロ以上太っていたので、見た目はルチアーノ・パバロティー風でした。

僕が衣装として、インテリでクリエイティブなコンサルタントにふさわしいと思って選んだのが、Ｂａｒｂａｓのクラシック・ラインのスーツです。このブランドの面白いところは、オーナーのアラルディーさんの言葉を借りると、近代的な建物の中でも、中世の建物の中でも、どちらの背景にも馴染むスーツを作ることだったんですね。それこそが、ネオ・クラシックとか、クラシコ・コンテンポラリーとかいうコンセプトだったんです。

僕の思う頭の良く見える服とは、デザイン的にはあくまでもひかえめで、着る人の個性を引き立て、同時に最先端の感性で「今」を感じさせる服です。

クラシック・ラインのＢａｒｂａｓのスーツ以外では、当時レッダエッリで縫製していたジャン・フランコ・フェレのスーツや、グルッポ・フォーラルで縫製していたころの、初期のＶｅｒｒｉ・Ｕｏｍｏのスーツは、形状だけ見たらクラシック（クラシコとは死んでも言いたくない）ながら、生地に現代的な実験が加えられた感覚が実にいい塩梅で、僕の要望である「頭の良く見えるスーツ」でしたね。

要するに今のクラシコイタリアと徹底的に異なるのは、英国趣味の古臭い生地ではなく、イタリアの小さな工場のレトロな機械で織られた、英国風ながらも捻《ひね》りのある、イノヴェイティブな生地を多用していたことなんです。その生地に対するこだわりが、適度に抑制が効いているわりに前衛的にも見えて、着る人を知識人であると同時にクリエイティブな人に見せるのです。当時、世界的にもっとも注目を集めていたアルマーニや、ヴェルサーチェ、八〇年代中期のＶｅｒｒｉ・Ｕｏｍｏも試してみたけど、お洒落過ぎて駄目でした。やっぱ、コンサルタントにはＢａｒｂａｓでした。抑制が効いたクラシックでありながら前衛的、まさしくさまざまな知識を駆使してクリエイティブな提案をする知的生産者には一番似つかわしい服だったんです。

当時のＢａｒｂａｓのスーツの縫製工場は、イザイアとベン・スーザン、シャツはロレンジーニやブル・バード、タイはディオニスやウンベルト、プロコビニック、ブルゾンやコートはモンテドーロ、ニットはベルモンディ、靴はピノ・ジャルディーニで、アルマーニよりかなり英国趣味的な志向が強かったですね。デザインは、アルマーニが独立したので、当主であるイタロ・アラルディーご自身とロコ・ロンバルディー、一部のニットやカジュアルなブルゾンのデザインにはMr.Ｖａｎ出身の日本人デザイナー、ジュリアーノ・フジワラを起用していました。

蘊蓄が嫌いな僕がいっぱいブランドの生産背景を書いたけど、どうせこれらを読んでも、ほとんどの人は何のことか分からないでしょうね。僕は含蓄のある男を目指しているので、蘊蓄を語りたくないんです。思うに蘊蓄とは、例えばクラシコでは、本切羽《ほんせっぱ》のボタン四個重ねで……とかいった、知ったかぶりを伝播させたくなる程度のオタク知識だけど、ここに書いた生産背景はオタクを通り越しているので、あまり服飾談義に意味をなさないはずです。即ち服飾談義に使えない知識なので、これは蘊蓄ではないんです。

ところでＴｏｎｙさん、アンタはこれらの生産背景の工場には行ったことあるのか？　と聞かれたら、ハイ、ほとんど行きましたとお答えします。もし他に、僕のような知識を持っている人がいたら、その人は相当に変な人です。要するに、僕はオタクを通り越してしまって、服好きの変態なんです。

名刺にも「大阪府プロジェクト担当コンサルタント」と印刷するのを許された僕は、大阪府の中にある商工部という、国の組織で言うと、昔の通産省と同じ機能と役割の部署でＹ博士を紹介され、三ヵ月間で一本の提言書を仕上げて知事に提出することになりました。即ち大阪府内の製造業のハイテク化の戦略作りをレポートにまとめるんです。

Ｙ博士は大阪大学の工学部卒の工業技術の研究家としては、府の商工部内でも第一人者で、ちょうど僕より一回り年上、四〇代中ごろのいつも笑みを湛《たた》えた穏やかな紳士であり、技術畑の学者にありがちなオタク的なヘンコな雰囲気は微塵もない、生徒に人気のある高校の理科の教師みたいな人でした。

　僕はまったくの技術音痴であり、子供のころからプラモデル一つ満足に仕上げたことがありません。今年の夏にもエアコンが故障したと思い込み、メーカーの修理を呼んだらなんとリモコンの電池切れが原因で、修理の人がやってくるまでの時間を暑い中辛抱したうえ、交通費と日当を払ったりして、本当に情けない思いをするくらいの機械音痴なんです。

　そんな理系とは程遠い僕とY博士のコンビで、大阪府下の製造業の中から、技術的にさらにハイテクに進化するポテンシャリティーを有していて、経営手腕も優れた若手経営者のいる会社を一〇社選び出し、とりあえずはそれらの会社にインタビューを行い、大阪府下の製造業全般に対する、府の行政機能を拡充するためのプロジェクトを考えようということになったのです。

　これら一〇社のインタビューの作業は実に楽しい仕事でしたね。僕はテクノロジーには興味を持っていないのですが、人間には人一倍興味があるほうなので、一〇社の企業のトップとのインタビューでは、彼らの本音を聞きだすことに専念し、インタビューを一つこなすごとに、分からない専門用語のレクチャーをY博士から受け、それなりに彼らが何を求めているかが分かってきたのです。このインタビュー結果を、アメリカのシリコンヴァレーにいる原丈人さんに報告し、助言を受けるためにサンフランシスコへ飛びました。

さらに、原さんの友人である、サンフランシスコ市長のダイアン・ファインシュタインさんや、アラモ砦を観光都市からハイテク都市に見事に変貌させた、ヘンリー・シスネロス・サンアントニオ市長にも助言をいただくことになったのです。

原さんとサンフランシスコ市長、サンアントニオ市長の助言はこういうものでした。まずは大阪府の予算でアメリカの超ハイテクエリアに共同事務所を開設し、その共同事務所を通じてアメリカの先端ヴェンチャーのテクノロジーを、その共同事務所のテナントであり、大阪から駐在している大阪府内の中小企業に流す仕組みを作ろう。さらに日米の企業が戦略的事業提携を作り上げるためのソフトとしての、コンサルテーション機能もその共同事務所に付加しようという計画になりました。

当時のアメリカは通信ソフトやバイオの黎明期であり、今のインターネットの通信ソフトの前身となった、TCP／IPのプロトコールが軍から民間に公開されたり、画像処理、画像認識のアルゴリズムの公開により、工業技術が急速にハイテク化された時期で、この共同事務所の役割に対する期待は大きく、その運営如何によっては、素晴らしい機能を果たすことなると思われたのです。

一応の青写真が出来上がり、それに付随するアメリカでの調査も完了し、これでバッチシと思ったのですが、またもや僕のスカタンな話で、大阪府に提出する提言書の書き方がさっぱり分からないことに気がつきました。

アイデアが明確にあるのに、それをいかに書いてどう知事に提出するかが分からなかったのです。この提言書の書き方を原丈人さんに相談しましたが、さすがの天才ヴェンチャー・キャピタリストも、「Ｔｏｎｙさん、そんなん、僕もやったことないんで、分からんよ」と言うのです。ただ原さんは、日本政府に対する政策提言書を書いている、日本最高のシンクタンクである野村総合研究所の主席研究員のＳさんならよく知っているはずなので、「Ｔｏｎｙさん、Ｓさんと同じ歳やし、行って教えてもらったらいいやんか」ということになったのです。

帰国後、早速、野村総合研究所にＳさんを訪ね、お役所に出す提言書の一応の形式を教わりました。ところがＹ博士と準備した提言の中身が、まるでジョイントヴェンチャーの鰻の養殖場と白焼き工場の事業計画みたいな、商社での五年計画のビジネスプランの書き方で書かれていて、共同事務所の設立までのファイナンスや建設用地の確保、スタッフのリクルート方法などなど、懇切丁寧に書かれたユニークなものだったものですから、Sさんは面白い面白いと言いながら、提言書を書き上げる作業の大部分を喜々として手伝ってくれたのです。Sさんは自分が手がける政府に対する提言書を書くより、「Ｔｏｎｙさんとの仕事の方が楽しい」と言ってくれて、僕が東京に行ったりSさんが大阪に来たりしながら、実に楽しそうでした。あの時、本当に頭の良い人は息抜きのために頭を使う仕事をする、ということを知りましたね。

父がよく言っていた言葉、「自分より優れた人に、気持ちよく働いてもらったら、世の中に不可能な仕事はない」という意味が分かった気がしました。

三ヵ月後に提言書を知事に提出した僕は、再び商工部のY博士と二人で、インタビューでお世話になったいくつかの会社に、プロジェクトの報告と共同事務所のテナント勧誘に再訪することになりました。

ところが南海電鉄の泉南の小さな駅の改札を出る時、Y博士の仕草を見て驚きました。かつて行ったインタビュー行脚でこの駅を訪れた時に、「こんな玉葱畑ばっかりのど田舎、ハイテク化なんか無理でしょ」と言った自分の言葉を「はっ！」とした気分で思い出したのです。定期券をズボンのポケットにしまうY博士も、期せずしてこの「ど田舎」発言を思い出したらしく、僕にウインクして見せました。一緒に行動している時は何も言わなかったけど、定期券を持っているということは、Ｙ博士はこの「ど田舎」の人だったんですね。

ＩＱ八五前後と思われる僕が、Ｙ博士や野村総研のＳさんとどうしてあんなに楽しく仕事ができたのか、未だに分かりません。ただ今になって思うのは、この仕事を通して、自分を知ることの重要性、人と接するときの謙虚さを知ることができたのが、その後の僕の人生にとって貴重な経験になったということです。

ところで今、八〇年代初期から中期のＢａｒｂａｓや初期のＶｅｒｒｉ・Ｕｏｍｏがない現在、どんな風にスーツを着たら知的でクリエイティブな感性の持ち主に見えるか――ですって？　当然の御質問ですね。例えば、チェザーレ・アットリーニのスーツに、Ｅｔｒｏのシャツとタイを合わせるとか、Ｅｔｒｏやドルチェ＆ガッバーナのスーツに、フィレンツェのリヴェラーノのタイを合わせるとか、常識破りに挑戦することしかないとお答えしましょう。僕は既製品に飽き足りないのでビスポークでスーツやシャツを作っていますがね。もし貴方が大阪府のコンサルタントだった当時の僕みたいに、本気でＩＱを倍以上に底上げして見せたいのならば、とりあえず日本のファッション雑誌のスタイリングを参考にしないことです。よしんば参考にするにしても、マジョリティーの感性を知るために、あくまで反面教師的に参考にするくらいの根性が欲しいですね。人と同じことをやっているようでは、仕事でも洋服の着方でも、クリエイティブになれっこないんですから。

でも最後に一言付け加えておきましょう。僕は亡き父の口癖であった、「人と同じことをするな！」という一種の美学を趣味の服飾で実践しているだけなので、健全な読者の皆さんは絶対に真似しないほうがいいですよ。大道芸人が剣を飲み込むような芸当なんですから。

12

プレイボーイになれなかったマイク・スミスさん

昨今はプレイボーイという言葉は死語になってしまったのか、さっぱり聞きません。

でも僕の少年時代の一九六〇年代から七〇年代にかけては、この呼称は実にカッコよく響いたものです。

そのせいか、とうとうプレイガールなる造語までできて、それをタイトルにしたTV番組では毎回、必要以上に大げさなアクション、大げさな回し蹴りを披露して、ミニスカートの中のパンツを見せていたぐらいです。それにしてもミニスカートの中なんか、あけすけに見えても値打ちがないと思いますけどね。あんな物、見たくもないと言えば嘘になるけど、偶然見えるからこそ、「今日は儲かった！」と思うものなんです。

そう言えば、プレイガールに出ていた應蘭芳《オウランファン》さんは今もお元気で、銀座で中華料理屋さんを経営されているそうですよ。マグマ大使で息子のガムを演じた、同級生の二宮秀樹君が言ってました（コアな昭和テレビっ子ネタですね）。

ところで、このプレイボーイの概念ですが、何年か前に「Ｌｅｏｎ」が提唱した「ちょいわる（不良）オヤジ」とは似て非なるものだと思うんです。現在の「ちょいわるオヤジ」には、僕らが憧れたプレイボーイの輝きが感じられないのです。でもそれこそが、「Ｌｅｏｎ」の狙いだったのかもしれないですね。ある程度、手の届きそうなカッコよさでないと、雑誌の読者には参考にならないでしょうから。

「ちょいわる」との違いで決定的なのは、プレイボーイは女にモテル以前に、まずは男に認められる存在であり、一芸に秀でていて、男気や度胸があることが前提になっていることだと思います。だから、プレイボーイは女にもてたいという下心なんか微塵も見せないんです。

蘊蓄重視の雑誌の読者みたいな、女に引かれてしまう「スペック重視のオタク」じゃないし、かといって女にもてたいだけの、身も蓋もない、「ちょいわるもどき」じゃない存在。

僕は別にモテることが第一目的の「ちょいわる主義」は否定しませんけどね。

こんな話があるんです。経団連の講演で本田宗一郎さんが「俺はバイクが好きで会社を創ったけど、同時に女にモテたいから会社を大きくしたんだ」と言ってのけたのは、どんなサラリーマン経営者の経営理論より人間の本質を突いて、感動的ですらあったそうです（後に金融庁担当の国務大臣になった僕の友人のI君が、松下政経塾生時代にその場に居合わせ、周りのサラリーマン社長や重役たちの目が点になったのが小気味よかったと言っていました）。本田宗一郎さんは命がけで仕事をして、結果としてモテル男になることを目指したんでしょうね。

本田宗一郎さんは雑誌を小脇に抱えて、ジローラモさんと同じ服を買いに阪急メンズ館に走るような男性ではなかったでしょうから、彼は女にモテる前にまずは男にモテる存在。即ち「ちょいわる」ではなく、まさに「プレイボーイ」だったんですね。僕が思うにプレイボーイは男の美学が優先し、人間として、男として精一杯生きている「生き様」の結果として、女にモテルという存在だったと思うのです。

中学生のころ、僕の憧れたプレイボーイの典型は、父の友人だった三保敬太郎さんや福沢幸雄さん。

福沢さんはギリシャ人とのハーフで、彫刻のような彫りの深い超美形の上に、エドワーズの商品企画に関わったほどのお洒落な人だったし、トヨタ7のテスト中に富士で亡くなってからはすっかり伝説になった、僕らシティーボーイの憧れだった人です。

六〇年代、家によく出現したころの三保敬太郎さんは三〇代後半で、11PMのテーマ音楽、例の「♪シャバダバ、シャバダバ」なんかを作曲したり、映画音楽をたくさん作曲した作曲家であり、スイング・ジャーナルでは毎年人気No.1のジャズ・ピアニストでした。また三保さんは日本のカーレーサーの草分け的な存在で、第二回の日本グランプリでは、式場壮吉さんや、生沢徹、滝進太郎さんとデッドヒートを繰り広げた人です。

三保敬太郎さんが鈴鹿サーキットでグリースまみれのベトベトのキャブレターを愛車からはずし、横にいた美女に「コレ、ちょっと持ってな!」と手渡し、自らはその美女のことを完璧に失念して、夢中でエンジンを調整している姿を見たことがありますが、重たいキャブレターをもたされた美女が泣き出しそうだったことが忘れられません。

三保さんが、僕の父と飲み歩いていたころは、ちょうど、Mazda(東洋工業)のテストドライバーをしていたので、毎月、広島のMazdaテストコースを走っていました。その後、直接東京へ帰らずに、高ぶった神経を父とともに北新地でカームダウンしていたのでしょうね。

夜中に酔っ払って帰ってきて、客間に眠っている三保敬太郎さんの黒眼鏡を取った目は、意外なほど小さくってイケテナイ感じでした。僕はそれを見て、いつも黒眼鏡（サングラスとは言わなかった）をかけている訳が分かったような気がしました。でも三保さんのあの洗練された服の着こなしと柔らかな物腰に女性はメロメロになり、六〇年代には日本一女性にもてる男性だったそうです。もっとも三保さんの説では、Ｔｏｎｙ君の親父さんには勝てないとか言っていましたけど。

福沢幸雄さんや三保敬太郎さんは才能に恵まれた人である上に、物腰が柔らかく、人当たりが良い人で、回転ドアーに入るとき、そっと腰に手を添えたりすることが自然にできるんです。でもある意味、お洒落すぎて、それゆえに見るからに胡散臭いところがありましたね。こんな食わせ物風のカッコよさという点では、最近お会いした人の中ではホッシーさんが近いかもしれません。

六〇年代のプレイボーイたちが、上質のユーモアに包まれた色気、あえて言えば好色な雰囲気を有していたところは、今のちょいわるオヤジと同じかもしれませんが、彼らがイタリア男の人間臭さに典型を求めているのに対し、当時のプレイボーイたちはもっとクールでドライなアメリカ文化に根ざしていたような気がします。

彼らはドライな感性の持ち主なので、合理的であり、間尺に合わないことはしない。それは恋愛でも同じで、たとえ失恋しても、何か大好物の美味しい物を食べたらすぐに忘れてしまい、「次、いこか～！」てな按配だったようです。

洗練されていながらも、男子校の中の人気者の持つ、男同士の遊びを優先するような、少年っぽいニートな感性の持ち主だったような気がします。

だって、プレイボーイと比べると、イタリア男にルーツを求める「ちょいわる」では、「マンマ・ミーヤ」とか言い出しそうな、マザコンの本性が見え隠れするし、古くはヨーロッパの教養の中で育ったドンファンとも違う。また、まったくコンセプトは異なるけれど、やせ我慢が信条のダンディズムとも異なる、近代的な合理性に根ざした真にクールな存在。プレイボーイとは近代的なアメリカの文化の所産だと思うのです。

モテを狙うか、結果的にモテるのかは別として、女にうつつを抜かす点では、プレイボーイも今の「ちょいわる」と同じかもしれないけれど、プレイボーイにはマルチェロ・マストロヤンニが演じたイタリア男の持つ人間臭さがないんです。プレイボーイは絶対に女に媚《こ》びることをしない。仕事や自分の美学が最優先で、女性にはドライで徹底的にクールな存在なんです。徹底的にクールであるゆえに女にもてる、そんな高みにまで到達してしまった連中が、まさにプレイボーイだったと思うのです。

フランク・シナトラ、ディーン・マーティン、エフレム・ジーンバリストJr、ロバート・ボーン。彼らの演じるプレイボーイの伊達男たちはみんなクールで、女なんか日替わりで取り替えていそうな風情でした。

ところで、アメリカ社会がジェンダーフリーをあれほど唱えた裏には、逆に根強い性差別が根底にあると思うのです。

僕は八〇年代中ごろから九〇年台初頭にかけて、アメリカ西海岸のベイエリア、カリフォルニア州のパロアルトで、ヴェンチャー・キャピタルに勤めていた時期があります。そのころ、日本語・英語のバイリンガルの秘書を募集すると、たくさん送られてきた履歴書の中に、ＴｏｓｈｉｈｏＳａｔｏｈという氏名のものがありました。佐藤俊夫とかいう、男性なんだろうと思って面接したら、佐藤敏稲さんという女性でびっくりしたことがあります。だいたいアメリカの履歴書は、顔で判断されたらいけないので、写真はつけない。年齢も差別になるので生年月日は書かない。

そのくせ、職歴や技能に関しては、「嘘」こそ書いていないけれど、「誇張」していない部分が何一つない、といった代物です。

ことさらに平等を掲げるのは、本音ではトンデモナイ不平等が存在することの裏返しではないかと、勘繰りたくなったのです。

アメリカの男たちが女性を差別しているのでは？　と僕が最初に感じたのは、高校生のころ、アメリカン・ニュー・シネマの先駆けとなった映画、「明日に向かって撃て」を見たときでした。その中で、ブッチ・キャシディーを演じるポール・ニューマンが、キャサリン・ロスの演じる自分の彼女のことを、ロバート・レッドフォード演じる相棒のサンダンス・キッドが気に入っていると知った時、一言、“Take it!”「持ってけ！」とめんどくさそうに言ってのけるシーンがありました。

アメリカの男性はジェントルマンであり、レディー・ファーストを信条としていると思っていたので、あたかも一人の女性を物のように扱う、あのシーンは少し意外でした。でも後にアメリカの競争社会を知るにつけ、あんなシーンにアメリカの男たちは心の中で喝采していたんだと思いました。

他にも「フュー・グッドマン」という映画で、ジャック・ニコルソン演じる海兵隊の大佐の台詞に、「男にとって最高のブロージョブは女性の上官のブロージョブだ」と言うのがありました。これは解説しませんが、凄いことを言っているんです。そう思うと、英国紳士のジェントルマン・シップにルーツがあるはずのレディー・ファーストも、アメリカでは、西部開拓時代に女の数が足りなかったために、ごく便宜上にできた習慣だったのではないかとすら思えるんです。

その証拠として（僕の書く文章は自分の経験に根差し、絶対に書物や聞きかじりの知識ではない）、僕が経験した面白いエピソードを書きましょう。

八〇年代半ばから九〇年代初頭にかけて僕が勤めていた、カリフォルニアのヴェンチャー・キャピタルの上司のマイク・スミスさんは、髭を蓄え、眼鏡をかけた、アメリカではワスプと呼ばれる、東部エスタブリッシュメントのインテリの典型みたいな人でした。マイクさんはサンフランシスコ市内からパロアルトの事務所まで毎朝、毎夕、車を持たない僕を送り迎えしてくれた優しい上司でした。上司が運転する車に僕が乗っているわけです。

シリコンバレーとサンフランシスコ市内の間は、毎日渋滞で片道一時間半くらいかかるのはざらでした。僕らは渋滞の車中でもずっと仕事の話をするので、マイクさんと通勤した最初の三ヵ月間で、僕の英会話の力はイギリスに住んで遊びまくっていた一年間の倍以上の速さで上達しました。

マイクさんは仕事一本の人で、朝から晩までパソコンの前から一歩も動かない、一種のオタク的ワーカホリックで、着ている物もハーバード大学で物理の博士号を取得した人だけあって、一年三六五日、初版の『TAKE IVY』の写真集のように保守的で、Tシャツやアロハシャツで仕事をしているシリンコンバレーのスティーブ・ジョブスやビル・ゲイツ、スコット・マクネイリーなどのヴェンチャー経営者とは一線を画す人でした。

年齢的にも朝鮮戦争には若すぎて行かなかったし、ヴェトナム戦争には歳をとっていたので行かなかったという世代で、とかく暴走気味になるポート・フォリオ（出資先）の若手ヴェンチャー経営者に良い感じで睨みがきいたんです。

保守的なマイクさんはランチタイムも毎日パソコンを見ながら、毎日同じ「ターキー・アボカド・サンドイッチ」を食べるような人でした。アメリカ人の中には、衣食住に保守的というか、探究心がないというか、好奇心がないというか、いつも同じような服装を好み、同じ物しか食べない人がいるのを知ったのは、このマイクさんのランチと、後にLAの寿司屋で遭遇した紳士を見てからです。この紳士は、お店に入ってカウンターに座るやいなや、「ファイヴ・ハマチ・プリーズ」と言って、ハマチを五貫握ってもらい、それを五回リピートし、計二五貫のハマチを食べて店を出て行きました。

よっぽどハマチが好きだったんでしょうね。でも最後の五貫は想定外の注文だったかもしれません。彼はお勘定してくれと言いたかったので、「ハウ・マッチ？」と言ったのかもしれません。

あっ！　思い出した！　日本人でも同じ物しか食べない人を見たことがあったんだ。ハワイのロイアル・ハワイアンの豪華な朝食ビュッフェにいた日本人客の五〇年配のおじさんが、毎朝、豪華なブッフェで、「あ〜、こんな美味しい物は食べたことがない!!」といった風情で、嬉々として白御飯と白食パンしか食べなかったのを見ましたよ。あのおじさんにとって、御飯とパンのどっちが主食で、どっちがおかずだったんでしょうね。「今日はパン食だ！」とか言いながら一枚多くパンを取ったりするのかもしれないですね。

日常生活では服装やランチですら変化を望まない保守的なアメリカ人、マイクさんの趣味は、何とカヤッキングやラフティングといった川くだりのアドヴェンチャーだったんです。マイクさんの息子さんなんか、お父さんの影響でオリンピックのカヤックの選手に選ばれたほどです。

僕たちマイクさんの部下は、夏になると最低一週間から二週間の川くだり旅行に連れて行かれました。まずカヤックが横転した時の復元を自分でできるようになるまで、サンフランシスコ市内のプールで訓練し、それをマスターすると、アウトドア用品の巨大な店舗でキャンプ用品一式、パタゴニアでカヤック用の衣類一式を買いに連れて行かれました。僕たちにあれこれ買い物の指示をするマイクさんは、本当にあのオタク系のワーカホリックのオッサンと同一人物かと思うくらい、実に生き生きとして楽しそうでした。

グランド・キャニオンやアイダホのサーモン・リバーでのカヤックやラフティングの旅は、一生の宝物とも言える思い出になりましたが、三人に一人ずつ、アメリカ人の川くだりガイドがついて、五チーム総勢二〇人、その総隊長がマイクさんでした。

日本人は僕とヴェンチャー・キャピタリストの原丈人さん、その秘書のベッピンさん二名の計四人。

一日に何度かある、死ぬほど怖い目に会うラピッド（急流）の手前では、砂浜にカヤックを乗り上げて、攻め方をキッチリ打ち合わせしながら川を下っていきます。カヤックにはゴルフみたいに攻め方があるんです。五〇ヤード先の二本松まで右に全力で漕いで、その後、パドルを逆手に持ち替え、中央の岩まで自然に流されて、またパドルを持ち替え、全力で左に一〇秒漕いだら両手でパドルを宙に持ち上げる。こういった説明が懇切丁寧なのは結構なのですが、当然英語での打ち合わせなので、この時ばかりは僕は仕事の会議より真剣でした。だって、横転したら洗濯機の中に入って、グルグル回されているような状態になってしまう。振り子の原理でうまくカヤックを復元できないと、ベールアウトすることになり、いくらライフジャケットをつけていても、助けが来るまでに大量の水を飲んでしまい、運が悪いと溺れ死んでしまいます。

参加している女性は、一度激流の中で横転すると絶対に泣きます。顔面が濡れていたので気づかれなかったけど、僕だって泣きましたよ。

朝は特大パンケーキ三枚に目玉焼き三個、大量のベーコンやソーセージ、お昼には出発前にそれぞれ自分で作った巨大なサンドイッチ二個。そんなに食べても体重が三キロ減るほどのハードな冒険の後、緊張と疲労から解放されて、夕方からは大笑いが絶えないＢＢＱパーティーの毎日でした。

カヤック隊のキャンプでは仮設トイレ当番、炊事当番、テントの設営当番などの作業を交代でするのですが、いつもマイクさんに、「なんでＴｏｎｙはテントの設営作業が一番遅いんだ！」と文句を言われました。北枕にならないようにテントを設営していると説明しても、どうせ分かってくれないのでニコニコ笑いながら、黙って設営していましたけどね。

とにかく、普段は物静かな紳士であるカヤック隊の隊長マイクさんは、始終テンション上がりっぱなしで、何日か経って、隊の缶ビールが不足気味だと分かると、仲間のアメリカ人の男たちと一緒に、すれ違う別のグループがあるたびに、「缶ビール一個とウチのグループの女一人を交換しないか？」と大声でオファーしていたのです。もちろん冗談ですが、アウトドアの解放感がついアメリカ男の本音を引き出したんでしょうね。長期のキャンプ生活で、自分が幌馬車隊の荒くれカウボーイにでもなったような錯覚があったのかもしれません。マイクさんはハシャギまくって、「べッピンさんおるで～、若い娘はバドワイザー一本や～！」と一番大声で言っていました。そんな様子を、「マイクずいぶん調子こいてるよな～。さぁ～奥さん鬼みたいな形相になってきたで～、大丈夫かいな～？　まぁいいか！　ああやってストレス発散できるんやから、ほっとこ！」と思って見ていたんです。

次の日の朝のマイクさんは本当にかわいそうでしたよ。あの後、テントの中で何があったか、誰にでも推察できる顔になっていましたもの。アメリカ人にとってもプレイボーイは憧れであって、現実に目指してはいけないってことでしょうね。

13
事務局長さんはつらいよ

僕は一九八〇年代の中ごろからと二〇〇〇年代の初頭と二回に分けて、アライアンス・フォーラムというＮＧＯ団体の事務局長を務めていました。

このＮＧＯ団体の事務局長を務めていた理由は、社会に貢献することもさることながら、いろんなＶＩＰと言われる人たちと生でお会いできることも大きな理由でした。本物の伊達男を目指していた僕は、洋服で着飾っているだけでは出せない存在感を得るために、「本物の男たち」になるべく多く出会って、より人間通になろうと思っていたんです。

この時、懇意にしていただいた財界人の中に、富士ゼロックスの元会長の小林陽太郎さんがいます。

小林陽太郎さんは、アライアンス・フォーラムの評議会メンバー（顧問団）だったので一九八九年ごろからお世話になりました。小林さんは、おそらく日本財界でNo.1のダンディーな人で、一九九二年に日本メンズ・ファッション協会からベストドレッサー賞を与えられています。いつお会いしても、色気のある生地で仕立てられた背広を着こなしておられて、何百人集まるパーティー会場でもずば抜けてカッコよかった。

一番最初にお会いして、評議会のメンバーへの御参加をお願いした一九八九年ごろの小林陽太郎さんは、いつもニコニコ微笑で、お会いすると冗談ばっかり言っていて、その育ちの良さが表れたハンサムな面立ちは、日本財界における永遠のベビーフェース。音楽界で言えば、ポール・マッカートニーみたいだと言う人がいました。

すなわち永遠のトッチャン坊や的な雰囲気だったんです。

でも二〇〇〇年ごろになると、ウシオ電機の牛尾治朗会長から引き継いで、日本で一番権威のある経済団体であり、重要な経済政策を政府に提言する経済同友会の代表幹事に就任されました。経済同友会の中国に対する発言に反発した右翼団体に自宅を銃撃されたりして、ご苦労が多くなったのか、お年を重ねられたせいか、そのころはちょっと近寄りがたいほどの、抜群の貫禄がついていましたね。

ＮＧＯ団体の活動を通じて、いろんな「エライ人」や一般にはテレビでしか見られない有名人にもたくさんお会いましたが、日本のどんな俳優が精一杯「大物財界人」の役作りをして演じても、それが嘘臭く見えるのは、一九八九年に初めてお会いしたころの小林さんと、二〇〇〇年以降の小林陽太郎さんの変化を知っているからかも知れません。

毎日命がけで仕事をしている本物の経営者の方が、役者の演じる経営者より貫禄があるのは当然かもしれないですね。

つまり、本物の持つ迫力はどんな名優でも演じられないということを言いたいのですが、これって、一部の服飾評論家がエレガンスを語っても、自分自身はちっともエレガントになれない現実と似ていますよね。本当のお洒落の達人とは、蘊蓄のみで感性のかけらもないスペック重視のクラシコ・イタリア教の教祖やその信者、政治家の服装を俎上に上げて勝手な理屈をこじつけるエセ評論家たちの蘊蓄の世界では決して真似ることのできない、内面の充実から来る自信と、その人の持つ華やかな感性で人をひきつけるものです。洋服は、スペックに関する知識ではなく、センスとその人の持つ雰囲気で着こなすものなんです。

即ち何も語らずとも、「蘊蓄」ではなく「含蓄」で服を着ているんです。斯界の第一人者と言われる人や、その分野のパイオニア的な仕事をなしとげた男は独特のオーラというか、自信に基づいた色気を発散しているものです。最近にお会いした中では、岸田一郎さんがその典型ですね。

小林陽太郎さんの会社にお邪魔した時、会長室の横の秘書室のドアが開いていたので覗いてみると、一〇名くらいの超美人で見るからに「頭よさそ～！」な秘書さんたちがお仕事中だったりして、映画の作り物の世界より凄い現実を見た気がしましたよ。

一般に言う偉い人に出会える以外にも、NGO活動を通じて、大きな夢を抱いてキラキラと瞳を輝かせた若者たちにも数多く出会えました。

その中でも忘れられない青年たちの思い出話を少し紹介しましょう。

一九九〇年の六月から九月までの三ヵ月間、僕たちのNGO団体アライアンス・フォーラムでは、アメリカのハーバード大学ケネディースクール（行政大学院）の学生をインターン・シップで預かることになりました。

ケネディースクールとはその名前からも分かるように、将来のアメリカの政治家として、または国務省などの行政の中枢で仕事をすることを目指す大学院生たちの集まるところで、同じエリート大学院生でも、ともすれば拝金主義者になるMBAコースなどよりはるかに志の高い若者が多いんです。

彼ら志の高い若者の中から、僕らのところへ振り分けられたのは、中国系のユージン・ワン君。当時大ヒットした映画、ラスト・エンペラーの溥儀《ふぎ》にそっくりの、まん丸メガネをかけたハンサムで真面目な好青年でした。

僕はユージン・ワン君をまるで歳の離れた弟のように可愛がって、国際会議の準備で東京の四ツ谷にあったNGO団体の事務局の宿舎に泊まっていた時は、ほぼ一日中ユージン・ワン君と行動を共にしていました。さらに僕が関西に戻っている時には、毎日電話で彼の生活ぶりを報告させていました。東京の彼から電話がかかってきた時、電話を取り次いだ母に、たどたどしい日本語で「僕はTonyさんの友だちの友人ワンです」と自己紹介したので、母は「ケッタイな友だちやな〜。友だちの友人や言うてるで〜」と言いました。僕は「ユージンという名前の友人や」と説明したんですが、母はポカ〜ンとして聞いていました。

要するに事務局長の僕にとっては、保護責任者として、彼らインターン・シップの大学生たちの生活のお世話や、いろいろな悩み事の相談にのるのもお役目の一つだったのです。あの当時の日本はバブル経済の真っ只中。僕らのNGO団体の開催する財界人向けの国際会議では、参加費が二日間でお一人一八万円でも五〇〇社以上が参加するほどでした。資産家にとっては不動産や株価が青天井で上がっていく錯覚があったし、お金持ちでない人もお金持ちの人たちの恩恵に与って、それなりの派手な消費行動をとっていました。

アパレルの輸入商社を経営していた甲南の同窓生の恒川君は、当時ピノ・ジャルディーニという、アルマーニやＢａｒｂａｓの靴を製造する会社の代理店をしていたのですが、彼の話では、日本人の足はムカデではないかと思うほどピノ・ジャルディーニの靴が売れまくったそうです。

僕ら恒川君の同級生は皆、お友だち割引でピノ・ジャルディーニの靴を買っています。同級生の忘年会では二〇人くらいがあの独特のモッコリしたフォルムの色違いの靴を履いてくるので、彼らが靴を脱ぐ様を見ていると、ピノ・ジャルディーニは甲南中学・高校の校内靴だったのか？　と思ったほどです。

そんなバブル経済真っ盛りの、誘惑の多い華やかな東京に送り込まれたケネディースクールの学生たちの中には、僕らのＮＧＯのような貧乏な団体ではなく、派手な会社にインターン・シップで入り込んだ子も大勢いて、ホスト会社の盛大なパーティーでは、東京湾に浮かべたクルーザーにワンレン・ボディコンのおネエチャンたちが大挙して押しかけるようなことが毎週末ありました。

僕のＮＧＯに所属する伊藤達也君とユージンも、そんなパーティーによく誘われて、酔っ払った中森明菜とゲームをしたりしていたのです。でも、そんな派手なパーティーに出かけたユージンと伊藤君は、共に二〇代のハンサムボーイなのに真面目そのもの、道路を曲がるときも測量用の分度器できっちり九〇度計ってから曲がりそうな堅物だったんです。伊藤君は、当時松下政経塾を卒業したばかりで、僕たちのNGOの国際会議で人脈を作り、その後政治家としてのキャリアに生かそうと思って事務局にいたのでした。

伊藤達也君は、後に松下政経塾OBとして一番最初に国務大臣になる僕らのNGOの若手の出世頭ですが、今はトホホの落選中です。

伊藤君は偉かったですよ。なぜって、彼が立候補するために立ち上げた後援会の一回目の会合のVIPの№1が、なんと僕だったんですから。いかに何もないところからの政治家デビューだったか分かりますね。

彼はいきなり国政選挙から挑戦して一位当選したのですが、選挙戦の資金は宅配Pizza店を奥さんとやりながら、自らもスクーターで配達をして工面したんです。伊藤君は竹中平蔵氏の後を継ぎ、二人目の金融担当大臣としてバブル後の金融機関の不良債権処理に大鉈《おおなた》を振るい、日本経済を再生させたのも事実です。でもその後のリーマン・ショックや小泉・竹中路線といわれる新自由主義的な理念に対する見直しの機運、即ち、会社は果たして株主だけのものか？　というコーポレート・ガバナンスに対する見直しが主流になってきた昨今、公益資本主義に進む大局を見誤ったみたいで、とうとう行き場をなくした感がありました。

でも彼はいつかきっと日本の国政に戻ってきてくれると、僕は昔の仲間として信じたいです。ほんとナイスガイですよ。

ユージンも伊藤達也君も志の高い好青年だったんですが、彼らを引率する僕は御存知の通り、お洒落をこの世のすべての価値観に優先させるような軟派な甲南ボーイのおっさんです。九〇年当時、僕は三六歳、松下政経塾を出たばかりの伊藤君が二八歳、そして飛び級でハーバードの大学院生になったユージン・ワン君は二三歳でした。僕もまだまだ遊び足りない年齢だったので、これらのバブル絶頂期の数々の派手なパーティーでは、ワンレン・ボディコンのおネエチャンたちを「総ざらえにしたろか！」と、子供のころ縁日の金魚すくいで思ったことを思い出して、ナンパに闘志を漲《みなぎ》らせたんです。ところが、僕が引き連れていた伊藤達也君とユージン・ワンの二人は、そんなパーティーの最中でも、場違いなことに参加者の中の数人のオッサン連中ともっぱら政治経済の話をしているのです。

まるで高級レストランで何でもいいから注文しなさいと言われていながら、持参したコンビニ弁当を食べているような話ですね。

こんなことを言うのは恥ずかしいのですが、信じようが信じまいが、僕は過去にスッチー（CAさん）に二度ナンパされたことがあります。

一回目は二四、五歳ごろ、商社の後輩を連れて六本木の防衛庁の向かいにあった、テニス倶楽部というカフェバー（古いね、この言い方）で飲んでいた時です。僕の際立ったスーツの着こなしと、それとは真逆な松本人志の滑らない話的な、会話内容の落差に強烈に興味を掻き立てられて、二人組みのJALのスッチーさんが、わざとらしくも、僕の膝に水割りをこぼして、洗濯代をお支払いしたいので名刺をくださいと言いました。

僕は別に洗濯代なんかいらないけど、よかったら今度僕の会社のメンバーと合コンしませんかと言って名刺を渡したのです。一応名の通った商社の名刺だったので、すぐに電話がかかってきて、別の後輩も連れて四対四の合コンとなりました。

その時に、はじめて彼女らがスッチーさんだと分かったのです。だって私服を着ていても、履いている紺の靴がトウに赤いマルが入ったJALのパンプスだったんですもの。僕はとっかえひっかえJALのスッチー連中と会社の独身寮の面々の合コンをアレンジしたので、影の寮長と呼ばれるほどの実力者になり、寮生たちが田舎から何か美味しい物を送ってきたら、まずは僕が箸をつけてから皆が食べだすという按配になりました。

二回目にナンパをされたのは、アパレルの仕事をしていた四〇歳過ぎのころ、いつも乗るアリタリアの〈関空―ミラノ〉の直行便でした。一二時間以上のフライトに退屈して、ギャレーで日本人スッチーさんとイタリア人スッチーさんをお相手に、英語と日本語で数々のアホ話を披露したおかげで、ミラノ市内で偶然再会した日本人スッチーさんに名刺を渡され、よく見ると携帯番号が書いてあったのです。これは電話しないと失礼だろうと思い、「大阪に来られたらお食事でも」ということとなったのです。

そのスッチーさんはなぜか僕に好意があったみたいで、Ｔｏｎｙさんのためなら、どんなことでもしますと言うので、ちょっとドキドキしながらサンプルやブティックの内装に使うＡＣミランの旗などを、ミラノから持ち帰ってもらいました。

何度かハンドキャリーしてもらっていると、突然、密輪のお手伝いはできませんと言って音信不通になりました。

別に売り物ではないので密輪とは違うのにね。それとも、彼女の「Ｔｏｎｙさんのためなら何でもします」という意味は別のところにあったのかな～？

お話をユージン君たちハーバードの生徒に戻しましょう。

ある日、ユージンが相談事があると言うので聞いてみると、ユージンのルームメイトで一緒にマンションを借りて住んでいる青年のロバートが、余りにワイルドな生活態度なので一緒に住みたくない、Ｔｏｎｙさんと一緒にＮＧＯの合宿所に泊まらせほしいと言うのです。

よく聞くと、ロバートは人材派遣の草分け的なＰを創業したＮさんが預かっていたんですが、Ｎさんは飛ぶ鳥を落とす勢いのど派手なヴェンチャー経営者。毎晩派手なパーティーにロバートをお供に連れて行く。

おまけにロバートは映画俳優みたいなハンサムボーイ。毎晩日替わりで日本人のワンレン・ボデコンのネエチャンをお持ち帰りする。

ある日なんか、ロバートのベッドから、裸の日本人のネエチャンが二人出てきた。ユージンいわく、別にひがんでいるわけではないけれど、うるさくて眠れない。これを聞いた僕は、ユージンに引っ越しをすすめる前に、一度ロバートに会って説教してやろうと、ユージンのアパートに出かけたのです。そしたらその日も、日本人の女の子が一人いて、深刻な表情でロバートと話し合っていたのです。

僕は場違いなので、ロバートとユージン、それから日本人の女の子を残して、とりあえず四ツ谷にあったＮＧＯの宿舎に帰りました。当時は携帯電話は普及していなかったので、翌日ユージンに、その後宿舎で何があったのかを聞いてみると話はこうです。

その日本人の女の子はロバートがナンパした女性の中で、もっとも純真な子だったみたいで、その日は、ロバートのあまりにワイルドな女性関係にクレームをつけに来ていたのです。ロバートはもとより、「俺が女にもてて何が悪いねん。そんなこと言うなら、お前なんか二度と俺の前に現れるな！」と見事なまでに、正統派女たらしの薄情者の典型みたいな台詞を吐いたのだそうです。

「可哀相やな〜、でもこの子も実際アホな子やで〜、ロバートみたいなハンサムなだけの薄情者を好きになるのがそもそもの間違いやんか、これでええ勉強になったやろ〜」と僕の影響を深く受けているユージンは、なぜかその時関西弁で思いながら、そんな会話を聞いて聞かないふりをしていたそうです。

そうこうしているうちに、その女の子はサメザメと泣き出し、アコーデオン・カーテンを閉め切って閉じこもってしまったそうです。

ユージンとロバートの宿舎は、入り口のすぐ横にキッチンとトイレがある2ＬＤＫタイプ。キッチン、トイレ部分と居間の間は、アコーデオン・カーテンで区切られているそうです。小一時間ほど、カーテンの向こうから泣き声が聞こえたのですが、ロバートもユージンも無視していたそうです。

しかし突然泣き声は止み、何かごそごそとしているらしい気配、キッチンの戸棚を開けているらしい物音。これにはロバートとユージンは、思わず顔を見合わせたそうです。そして同時に「やばい！　あの娘、包丁探してるのとちゃうか?!」と叫び、手首でも切られては大変と、二人で同時にアコーデオン・カーテンの鍵を力まかせに引きちぎって、開け放ったそうです。

ところが必死の形相で扉を開け放ったロバートとユージンに対して、キョトンとして振返ったその娘は、キッチンの戸棚の中の予備のトイレットペーパーを探していただけだったとか。

この話をユージンから聞いた時、僕は思わず、都はるみと岡千秋の歌った「浪花恋しぐれ」の台詞を思い出しました。

「そりゃわいはアホや、酒もあおるし女も泣かす、せやかて、それもこれもみんな芸のためや、今にみてみい！　わいは日本一になったるんや日本一やで〜、わかってるやろお浜、なんやそのしんき臭い顔は、酒や！　酒や！　酒買うてこい！」

そして、この台詞を英語に訳してやろうかと思ったのですが、さすがに面倒くさいので、ユージンにはこう言いました。

「男女を問わず、このような修羅場の経験が多ければ多いほど、大人の色気が身につくと言うもんだよ。Ｔｏｎｙさんを見なさい」と。

14

人の財布の中と心の中は分からないものなんだ

イギリスのお話でこんなのがあります。

ある田舎の資産家がいつもあまりにみすぼらしい服装なので、それを見かねた人が、もうちょっと身なりに気をつけたらいいのにと忠告したら、その資産家の紳士は「この田舎町では私がお金持ちだということを、皆が知っているので服装にお金をかけないんだ」と答えたそうです。

その忠告をした人が後にロンドンの街で件の紳士に偶然出会った時、ロンドンでもやはりみすぼらしい服装をしていたので、「貴方、ここはロンドンですよ、もっと服装に気を配ったほうが良いですよ」と言うと、資産家の紳士は「この街では私のことを誰も知らないので

服装に金をかけないんだ」と答えたそうです。なるほどと思うような話ですね。

でも、ほとんどの凡人は、このイギリス人紳士のように達観した境地には至れないものです。

人は多分、①異性にモテたいから、②裕福に見られたいから、③頭が良く見られたいから――、主にこの三大要件を満たしたいがためにお洒落をすると思うのです。そして誰でもこの三つの要素の中に、少なくとも一つくらいは、天分ともいえる特性を持っていると思うんです。

たとえば、アホのくせしてセクシーな人がいるように、どう見ても異性にモテそうもないご面相でありながら、お金持ちだったり。

天は二物を与えないのが世の常なんですね。そしてその不足している部分を補って、なるべくこの三要素を正三角形にする力が、ファッションに託された使命だと思うんです（政近準子さんみたいなこと言ってしまった!?）。

今回は「裕福な人に見える」、ということについて考えてみます。お金持ちに見えるということは決して上品に見えるという意味ではなく、ともすれば、逆に下品に見える場合もあるのが厄介なのですがね。僕が「考えてみます」と言ったところで、それほど深い考察ではなく、いつものように体験談の羅列です。

当たり前のことですが、服飾評論家諸氏を筆頭に「業界」の人たちは、人は中身より見た目で判断されると言いますよね。

とりあえず上質なものを着ていると一見お金持ちに見えるのは確かですし、またお洒落な人は文化水準が高いように見えますけど、お金のかけ方でその人の品性や金銭哲学が垣間見えるのも、服飾の怖いところで、同時に楽しいところでもあると思うのです。

そこらへんが学問で得られない本当の「知恵」というものなんでしょうね。服飾は「学問」じゃなくって「知恵」だと思うんです。

僕は洋服や靴を必要以上に買う人は、どこか歪んだ自己顕示欲があるのかもしれないと思っています。

二〇年くらい前、全盛時代のアルマーニさんのワードローブを紹介した雑誌がありましたが、彼はスーツは六着しか持っていないと言っていました。確かに六着あれば十分に社会生活を営めるかもしれませんね。

ポール・マッカートニーの写真でも、彼がボロボロのベルトをしていたのを見たことがありますが、ポール・マッカートニーさんがお金持ちであり、何をした人かを世間の人は十二分に知っているので、身なりに気を遣う必要がないんでしょうね。

これ見よがしに着飾る人には、人には言えない影の部分があるのかもしれません。

そしてそれはなにも、ブランド物にアイデンティカルな価値を求める人でなくても、僕自身を含めて依存症的に物を集める行動が、往々にして、心の隙間を埋めているにすぎないことも知っています。

そしていつも高級ブランドを着ていたり、年がら年中テーラーでビスポーク三昧の人が、実は借金まみれだったりすることがままあるので、世の中はややこしいんです。

僕は、人は見かけではなく中身だという思想には賛成できかねるほうです。ただ、中身のないヤカラが、付け焼刃の知識で蘊蓄を語るのが嫌いなだけです。中身のないヤカラが着飾っているより、Tシャツとジーンズでも内面からにじみ出る、色気や品性や知性を感じさせたほうがカッコいいに決まってるじゃないですか。

でも、分かっているけどいろんな事情でそうなれないのが人の常。先に述べた、三大要素の三角形が小さいとか、極端に歪《いびつ》だとかでコンプレックスを持つから、人はお洒落でそれを補おうとするんでしょうね。

ドイツの社会学者テンニースの提唱したゲゼルシャフトとゲマインシャフトという概念が

ありますが、僕はかねてより、健全な消費行動とは、ゲマインシャフトの共同体的な幸福を追求するためのものであるべきだと思っています。その意味においても、神戸ブランメル倶楽部のような存在は、これからの成熟した日本の社会には必要だと思うのです。何が言いたいんだ、ですって？　要するに、幸福と豊かさとは違うんですよ。ゲマインシャフトで人間が幸福を感じる以上、経済的な豊かさをゲゼルシャフトで追求していても、お洒落することには何の意味もないんですよ。

人は共同体の中で幸福を感じ、豊かさと幸福とはある時点までは同じ曲線で計れるけれど、ある程度まで行くとかけ離れてきて、豊かさと幸福とが異なることに気がつくのです。この曲線の交差する点を年収に換算すると、アメリカに住むと仮定した場合、為替相場は別として、NYで生活するなら、税引き後の年収が二〇万ドルもあれば十分だと思います。

これは、これまでアメリカのヴェンチャー・キャピタリストたちと接してきた経験上、さらにNGOの事務局長を長年務めた経験上、確信したことなのです。

初めて告白しますが、僕は基本的にはケチです。どの程度のケチかというと、紅茶にレモンを入れると、色が薄くなって何となく損した気がするのでレモンを入れないし、先日も外出時に自動販売機でお茶を買ったとき、手元が狂って一〇〇円玉を落とし、運の悪いことにその一〇〇円玉がグリッドの溝に落ち込んで回収不能と分かった時なんか、自動販売機に蹴りを入れそうになりました。でもそれをやると器物破損の立派な犯罪なので、気が弱い僕は我とわが身の不運を悲観して、すっかりお出かけする気分も失せ、家に帰って布団を被って寝ました。

僕はその気になったらイタリアに毎年行って、有名サルトでスーツを新調することもできますが、そんなことより船場センタービルでＦｕｇａｔｏやＭｏｎｔｅｄｏｒｏを七割引で見つけた時の喜びのほうが大きいんです。

安物を着ていても高価に見えて、「それアットリーニですね！」とか「さすがいつもカシミアですね」とか言われるとほくそ笑んでしまいます。

買い物に行くと、適正な価格の物にはそれなりの対価を惜しみませんが、不適切な価格の物には腹が立って仕方ないんです。

アパレルの原価が、各流通段階でそれぞれ粗利益を五〇パーセントくらい確保するのは許せますし、価格には物品そのものの価値以上に、買う人に自己満足と達成感を与えた対価としての付加価値があることも理解した上で、僕は物品以外にも、この世の森羅万象に自分自身の適性価格を持っているんです。

でもこの適正価格の感覚を覚えるまでに、親子でどれだけの散財をしたかは考えたくもないですけどね。

案外と世の中の人が気づいていない「真実」の一つとして、お金持ちになるほどケチになる傾向があります。

僕の同級生の吉本君のお家は関西屈指の資産家で、戦前からの大阪の一等地の地主であり、梅田のヒルトンホテルなんかに土地や建物を貸している一族です。吉本君のお父さんは大阪北にランドマーク的な形のビルがないのが残念だと、ユニークな太い煙突のような形状の大阪丸ビルを造ったことでも有名です。ヒルトンホテルの南西の角に彼の一族の表札がかかっていますよ。

Ｂａｒｂａｓのあった青山のフロムファーストビルにも同級生の大野木君の表札が出ているし、三宮の東急ハンズは「四〇年目の学生服」のところで書いた、大学生のころにトヨタ２０００ＧＴを色違いで二台いっぺんに買った先輩の米田さんの持ち物だし、それにしても彼らの家賃収入って毎月いくら入るのでしょうね。人の財布の中を覗くような話ですが、トンデモナイ不労所得であることは確かです。

ところで、吉本君のお父さんは、自らを日本三大ケチの一人で、「大日本ドケチ教教祖」

と自称して、その金銭哲学を本にして出版していました。大日本ドケチ教では、手を合わせたとき、「勿体ない、勿体ない、勿体ない」と三度お題目を唱えるそうです。ちなみに日本三大ケチの残りの二人は、森下仁丹の森下泰さんとサントリーの佐治敬三さんだったと記憶しています。

大学生のころ、神戸の岡本にある吉本君のお宅に泊まりに行き、翌朝歯を磨こうと歯磨き粉をひねった時、吉本君のお父さんに「こら、お前は歯磨き出しすぎや！」と後ろから叱られたのにはびっくりしました。

でも、吉本君の結婚式の披露宴は、大阪のロイヤル・ホテル始まって以来の盛大なものでした。吉本君のお父さんは、あの式は「我が家最後の、そして最大の大判振る舞い」と言っておられましたが、こんなことも言われていたのです。

「君たち、日常的に癖になるようなことは徹底的に節約するんやで。でも好きなことや趣味にはなんぼ金使ってもいいんや。金は使うために存在するんやからね。そして好きなことをするためのお金は頑張って稼いだらいいんや」

倹約と吝嗇《りんしょく》は違うということなんでしょうね。もっとも、その「稼ぐ」のが難しいんですが。

大学生のころ、吉本君に、「いったい、君の親父さんの個人資産ってどのくらいあるんや?」と聞いたことがありますが、彼の答えはこうです。

「僕も親父に聞いてみたことあるんやけど、そんなもん、資産なんかアセットでしか考えたことないので、フローはどないなってるのかは、わしも分からん言うてたわ」

後に彼は南カリフォルニア大学の経営学部を出て、今はサントリーの関連会社の社長を務めています。

サントリーの創業一族の鳥井さんは甲南の先輩でもあるのですが、鳥井さんは僕が事務局長を勤めていたNGOの理事として、もっとも御熱心に活動をサポートしてくれていました。その関係で僕も何度かサントリー本社にお邪魔したんですが、なぜか吉本君は鳥井さんをシンゴ、シンゴと呼び捨てにしていたのが印象的でした。

吉本君は、本物の「ボンボンの凄み」を感じるさせてくれる奴ですよ。

僕自身も吉本君のお父さんの言うように、日常的にはせこくても、好きな洋服を買い集めるのには、あまり勿体ないと感じることはないのです。お金で品性は買えませんが、お金で自由は買えます。ゆえにお金がある人はその自由を生かして、人のため世のために何らかの役割を果たす義務があると思うんです。人に希望や夢を与えることができるのは、自由な人の特権であり同時に義務なんです。

だから僕は毎日着替えて街を歩き、世のため人のために、ファッション・ヴィクティムにならないような、個性的で本物のお洒落を広めるために、プライベート・ファッション・ショーをしているようなもんなんです。

本物のお金持ちで、誰が見ても文句の付けようのない、憧れの自由人で、好きなことに好きなだけお金を使っている人たちの例としてはまず、僕が日本で一番尊敬する、そして大好きな、六麓荘《ろくろくそう》の原さん親子を思い出します。原さん親子とは、日本を代表する企業の創業者一族で、この本で何度も登場するアライアンス・フォーラム代表のヴェンチャー・キャピタリスト、原丈人さんとそのお父上の原信太郎さんのことです。

僕はもちろんヴェンチャー・キャピタリストの原丈人さんを尊敬しているんですが、そのユニークな原丈人さんは、お父上の生き様を見ることによって出来上がったんですから、原信太郎さんは日本一偉いのです。

原信太郎さんは齢九〇歳をすぎた今も矍鑠《かくしゃく》として、自宅の中にレールだけで一〇〇畳敷、製作工場と資料室、車庫を合わせると一〇〇坪くらいの広さの趣味の部屋を作り、日がな一日その中で趣味の鉄道模型を走らせて遊んでおられます。

僕の一番年長の甥っ子のユーヤ君は幼稚園のころ、原家の六麓荘の六〇〇坪のお庭に敷いた線路で、石炭を焚いて走る自作の機関車に乗せて貰ったそうですが、ユーヤ君は世の中にはトンデモナイ道楽者がいるもんだと幼心に思ったそうです。なんでも、お庭の機関車には雪が積もった時のための除雪車もあるんだとか。

原信太郎さんの日本一の鉄道模型のコレクションは、たびたびテレビなどで取り上げられています。模型列車一台で本物のメルセデス・ベンツと同じ値段の物が何十台もあるそうですが、何百台あるか分からない模型列車のほとんどは金型からご自身で作った、世界に一台しかない物で値段のつけようがないそうです。原信太郎さんは、趣味の合間に一部上場の日本最大の事務機器メーカーの経営陣の激務をこなしていたんですから、驚きですね。

原信太郎さんはなぜか背広が嫌いで、いつも着物を着流しで着ておられるので、そんな鉄道模型の趣味の持ち主というより、右翼の黒幕みたいな風情なんですが、好きなことしかやらないという、究極の自由人の人生を歩んでこられた人の持つ独特の貫禄の持ち主で、どんな財界人や政治家もその存在感には一目置かざるを得ないんです。着流しでありながら、どんな高級スーツを着たサラリーマン経営者にも出せない貫禄なのです。

僕は原信太郎さんのお気に入りだったので、超高級ステーキから吉野家の牛丼まで、よく御馳走になりましたが、誘われて「スパイ・ゾルゲ」という映画をご一緒した帰りには、戦時中に反戦活動家だった原信太郎さんが特高警察に捕まった話などを聞かされ、やはり心の奥底に一本筋の通った、他人に迎合しない、真の自由主義者の精神によって、着流し姿でもどんな財界人にも真似できないあの存在感を獲得されたことを知らされた思いがしました。

原信太郎さんはご自身が経営に参加していた一部上場の会社の退職金ウン億円を、気前よく旧郵政省に寄付して、日本の理系の若者が最先端の通信工学を履修することを助成する目的で「原総合知的通信システム基金」という財団法人を設立されました。自らその財団の理事長をされている関係で、僕も何度か原信太郎さんと総務省にご同行したことがあります。

総務大臣室の、コの字型の応接セットの一番奥に、原信太郎さんは大臣と並んで座られ、コの字型の両側には、御子息の原丈人さんや僕たち財団関係者と総務省の審議官や局長が座り、課長クラスとはいえ高級官僚と呼ぶべきメンバーには席が足りず、後ろに一〇人くらいがずらりと立ったままの会議でした。

当時の総務大臣、麻生太郎さんの真横に座った原信太郎さんは、原丈人さんや僕が麻生さんに、財団の活動と僕のいたNGOのプロジェクトを説明している間中、大臣の席の真横に座ったのが死角になるのをこれ幸いと、なんとずっと居眠りしているのです。

会議の後、財団の専務理事に「冷や冷やしましたよ」と言うと、「Ｔｏｎｙさん、お昼ごはんの後にアポイント入れられると、理事長は絶対に居眠りするんで困るんだよね～！」と逆にお小言を言われました。

でも原信太郎さんにとっては、麻生太郎大臣の横の席はリラックスしてお昼寝できるんだと知って、さすが銀座久兵衛で、日本で唯一コーラを飲みながらお鮨を食べることを許される原信太郎さんだけのことはあると、ますます原信太郎さんを尊敬するようになりました。

今日はここらへんで、例のごとく、僕の奇怪な体験から、いくら紳士然としていても、人は服装や身なりで判断できない、という教訓を紹介しましょう。

僕は一〇年くらい前までは大酒飲みだったので、週に二回くらいは酷い二日酔いになりました。そんな時は仕事をサボってサウナで汗を流すのが一番です。

あの事件に遭遇したのも、そんな二日酔いの昼下がりでした。新宿の伊勢丹メンズ館の近くに歌舞伎町サウナというわりと高級なサウナがあって、その雑居ビルの五階にあるサウナをよく利用していたのです。

その日もいい感じで汗を流し、事務所に戻ろうとダブルのチョークストライプのスーツに着替え終えて、チェックアウトの前にフロント横のトイレに入りました。そこで不思議な光景を見たのです、僕と同じ様な仕立ての良さそうなダブルのスーツ姿で、やはり眼鏡をかけ、金無垢のＲｏｌｅｘらしき時計をつけた、髭を蓄えた紳士が男性トイレの俗にいうアサガオ（小便器）に背を向けながら、ズボンを下ろそうとしていたのです。

「ケッタイナ姿勢でいったいこの紳士は何をしているんやろうか？」と思いましたが、訳が分からないまま、別段気にすることもなくトイレを出てフロントでチェックアウトのお会計を済まして、エレベーターを待っていたのです。

その時です。大声でサウナの従業員が叫んだのです。「誰だ！　誰がこんなことをしたんだ！」別の従業員の大声も聞こえました。「うわ〜えげつな〜！　店長！　保健所呼びましょうか？」

今度は店長らしい声で、「これは犯罪だ！　ひゃくとうばんしろ！」

フロント付近がなにやら騒然となってきたのです。さらに、「犯人はどんな男だ」、「確か髭を生やして眼鏡かけた、一見紳士風のダブルのスーツの男です」。ここまで聞こえてきた時、僕はなぜかエレベーターが待ちきれず、非常階段を駆け下りていました。逃亡者のリチャード・キンブルのように、時々壁にへばりつきながら一階まで降りてビルの外に出た時、「危うく濡れ衣を着せられるとこやった、それにしてもあのオッサンはいったい何しよったんやろ？　何かトンデモナイことをしたんやろうな～」と思いました。そして、めったにないスリリングな展開に二日酔いも吹っ飛んだのです。

心の豊かさと、財布の中身が本人にしか分からないように、人は見た目と行動が必ずしも一致しないということですね。

きっとあの紳士風のオッサンは、想像するだけでもおぞましいような、品のないことをしたのに違いないのです。

15

アナン事務総長の指輪

前国連事務総長のコフィー・アナンさんはクラシックなスーツを上手に着こなしている大変な洒落者だと、日本の男性ファッション誌でも何度か取り上げられたことがありますが、あの記事やコラムを書いた人は本物のコフィー・アナンさんに会ったことがあるのでしょうかね？

あれはブリオーニのス・ミズーラだとか、もっともらしいことを書いているけど、ご本人に会って聞いたのでしょうか。書物でいくらコフィー・アナンさんがお洒落な伊達男だと書かれていても、僕は自分の目で見て、その空気を感じ取れない以上は信用できないのです。インタビューしたとか、せめて近くで見かけたとかなら、その評論家の書くことを信用してもよいけど、そうでない場合は僕の嫌いな「蘊蓄」以外の何物でもないと思うんです。もっとも、日本の男性には「蘊蓄」が大好きな人がいっぱいいるし、それはそれで読んで楽しい読み物なんでしょうが。

偉そうに言うけど、Ｔｏｎｙさん、あんたはどうなんだ？　と思っている読者の皆様。「僕は会ったことあるもんね〜！」。自分で言うのもなんですが、そこらへんがＴｏｎｙさんの凄いところなんです。もっとも、すれ違った程度の経験ですが、僕の鋭い感性と洞察力にとっては十分な接近遭遇だったので、今回は僕自身の経験に基づいた、コフィー・アナンさんの人となりの印象を書いてみます。この本の目的は、一切の蘊蓄を排除して、僕の実体験だけでお洒落を考えようということなので、このコフィー・アナンさんとの接近遭遇は避けて通れない経験なんです。

アホなことばっかり書いている僕は、フォレスト・ガンプみたいに、確かにＩＱは低めですが、一見インテリに見える風貌と、世渡り上手な才能を買われて、長年、世界的にも有名なアライアンス・フォーラムというＮＧＯ団体の事務局長を務めていました。一九八五年に創設されたこのＮＧＯ団体の事務局は、過去に二人の日本国の国務大臣を輩出した名門ですが、実はアメリカの連邦法五〇一で認可されたサンフランシスコに本部を置く団体です。僕は商社を辞めた後、このNGO団体を設立した原丈人さんと一緒に、カリフォルニア州のパロアルト（シリコンバレーの中心）でヴェンチャー・キャピタルと日本企業の技術コンサルの会社を立ち上げた関係で、八六年から八九年までこのNGO団体の事務局長をしていました。後にアパレルの仕事で事務局を離れた後、二〇〇二年から二〇〇五年ごろまで事務局長に返り咲いたわけです。

このアライアンス・フォーラムでは、代表の原丈人さんが通信ソフトにおける権威あるヴェンチャー・キャピタリストなので、ポスト・パソコンの時代がパー・ベイシブ・ユビキタス・コミュニケーション（パソコン以外でどこでもコミュニケーションが遍在する時代）であると九〇年代から予見していました。これはスマートフォンの出現で現実になっています。さらに原さんはご自身がアメリカで活躍するヴェンチャー・キャピタリストのくせして、極端化したアメリカ型資本主義である「新自由主義」に警鐘を鳴らしていました。これもサブプライムやリーマン問題の露見で、見事に言い当てたことが立証されました。まるでモーゼのようなオッサンですね。

アライアンス・フォーラムではそのような経済問題に関連する国際会議を、毎年二～三回、アメリカ、ヨーロッパ、日本で開催していました（アライアンス・フォーラムは、最近は国際会議の企画以外にも、バングラデシュでのマイクロ・ファイナンス、アフリカのザンビアでの食料プロジェクトなどでも有名です。興味のある方はグーグルで調べてください）。

このアライアンス・フォーラムは、創設者の原さんが国連内のＷＦＵＮＩＦというアラムナイ組織（ＯＢ・ＯＧでつくる組織）の大使も兼任していた関係で、国連のピンバッチとＩＤがもらえて、それをつけているとＮＹでもジュネーブでも、国連本部や国連主催の国際会議がフリーパスだったんです。

蛇足ながら、国連とは世界最大のＮＧＯ組織の集合体であり、それぞれ独立採算の縦割り組織なんです。国連内にはＵＮという二文字が入るいろんな組織が存在しますが、有名どころの、ＵＮＣＴＡＤやＵＮＩＣＥＦなんか以外はほとんどが赤字で、資金集めの苦労話や、安月給ゆえ事務局に人が長く勤まらないとか、貧乏臭い話題が多くて、国連職員の中には、今回のお話の主役であるコフィー・アナンさんのラグジュアリーな生活態度に批判的な人が多いんですよ。そんなことも日本の服飾評論家は知らないでしょうけどね。

僕が長年この団体の事務局長をしていたのは、世の中のためという理由はもちろんのことですが、実は自分自身の達成感のためだともいえます。

男の存在感と、その笑顔の奥に宿る色気の量は、その男の人生における達成感の数と比例するとと思うんです。亡くなった父がよく言っていたのは、男にとっての至福の瞬間とは、たとえば新幹線に乗っている時に、「してやったり」という達成感を思って、一人ほくそ笑む時だと。「ほくそ笑む男」の色気には鳥肌が立つことがあると、僕に教えてくれた北新地の高級クラブのママさんもいました。あのママさんの言っていた色気とは、にやけた男の好色そうな「エロかっこよさ」の奥のセクシーさ、という意味とは別に、戦っている男の自信のことを言っていたのかもしれません。勝ち戦を思って、男はほくそ笑むんです。

新幹線でほくそ笑んでいた父は、どんな達成感の思い出を思っていたんでしょうかね。中身の濃い人生だったので、いっぱいそんな思い出があったんでしょうね。

そういえば、父は水産業界出身なのに、お肉屋さんのギルドと競合するような業態の商売を始めた時、有馬温泉に全国のお肉屋さんのボスが集まって、父を呼び出したそうです。

その場で申し開きを求められても「ごめんなさい」をしなかったから、その後の父のビジネスでの成功があったのは確かだけど、その時父は居並ぶお肉屋さんのボスたちの心を打つ、どんな素晴らしいプレゼンテーションをしたのでしょうか。

そしてその場で、どんなドラマティックな男の出会いがあったのでしょうか。その出来事以来、畜産業界のドンと言われた重鎮と、父は実の兄弟以上の絆で結ばれたのですから、心震えるような感動的な夜だったと想像できます。父が生きている間に、その夜どんなやり取りがあったのか、もっと具体的に聞いておけばよかったと後悔しています。そんな修羅場の経験が、父のマフィアのボス風の貫禄と、すれ違った人たちが振り返るほどの存在感を作ったのは確かなのですから。

ところで僕のＮＧＯの事務局長職は、国際会議の企画作業では、会議の始まる三ヵ月前からパソコンに張り付いて、プログラム作成、講師への依頼、会場の手配等、複雑な作業を根気よくする必要があります。自分のＩＱの限界を超えた仕事なので、頭の良い人たちを上手に利用して、如才なく気難しい学者や政治家の知恵や意見を調整するのは気を遣うし、朝起きると二〇〇通くらいの英文のＥ‐ｍａｉｌが着信していて、それに返事を書いていたら夕方になっていて、頭の中がウニになりそうでした。

大きな国際会議の前には頭を使いすぎて、僕にとって命の次に大切な頭髪がごっそり抜け落ちます。でも会議の始まるころにはジグソーパズルが出来上がる直前のようなソワソワ感、そして会議が成功した時にあちこちから送られる、賛辞のメールを読むときの達成感が病みつきになり止められなくなるのです。言ってみれば登山家の達成感みたいなものですね。

アライアンス・フォーラムでは、二〇〇三年暮れのスイスのジュネーブで行われた世界情報社会サミット（World summit of the information society）の本会議に付随する分科会の一つとして、「発展途上国の通信インフラの整備と、もっとも効率的なＯＤＡの提案」を企画したんですが、このときも英語とフランス語のみが公用語の国連の会議なので、例のごとく準備でふらふらになりました。

でもこの時も、会議の前日から宿舎のインターコンチネンタル・ホテルではＮＧＯであるにもかかわらず、すべて外交官待遇で扱われ、ホテルに帰ってくると喇叭《ラッパ》隊のファンファーレと鼓笛隊のお迎えの中、サーベルを抜いた儀仗《ぎじょう》兵のお迎えを受けて、すっかり疲れがとれたのです。

インターコンチネンタルでは同宿の、当時総務大臣だった麻生太郎さんのお部屋に遊びに行ったりもしました。驚いたことには、麻生さんのお部屋のほうが僕らの部屋より小さかったんです。そのことを麻生大臣に話すと、「君ら、ＮＧＯのくせに、生意気だよ！　って言うか、ＮＧＯより俺の部屋が小さいとはいったいどうなってるんだ！」と例のべランメイ調で言っておられましたが、麻生太郎さんって、至近距離でお会いすると育ちのよさが全身からにじみ出る、本当に上品でチャーミングな方でしたね。自民党が旬の時代で、漢字さえちゃんと読めたら、名宰相と言われる人になれたんじゃないかな？

ところで、ジュネーブのインターコンチネンタルのフロント係は間抜けな奴で、僕が麻生大臣のお部屋に行く前に、日本の麻生太郎という人のお部屋番号を教えてくれと言ったら、いとも簡単に教えてくれました。これにはこっちが驚き、ちょっといたずら心で「その人は日本の大臣なので、僕がテロリストなら爆弾仕掛けるかもしれないよ！」と言いそうになったけど、洒落にならないので止めました。

会議の当日の朝、ＡからＨまでの八つの分科会のブースの前で大会議場で開かれる本会議の始まりを待っていた時、僕の目の前を、身長一七〇センチくらいの小柄ながら仕立ての良いグレーフランネルのダブルブレストのスーツに、テラコッタ色のネクタイをした、黒人の伊達男が一人でうろうろしていました。

僕は彼のあまりの姿の良さに「ナイス、スーツ！」と声を掛けたのです。すると、声には出さなかったけど、彼の口元が明らかに〝Thank You〟になっていました。その後も、その伊達男はニコニコしながらあちこちの人たちと立ち話をしていました。彼の人当たりの柔らかさ、笑顔の良さは、譬《たと》えて言えばユナイテッド・アローズの鴨志田康人さんにそっくりの雰囲気だったんです。

「Ｔｏｎｙさん、あれ、アナンさんとちゃうん？」。僕はＮＧＯの相棒から言われて、「ちゃうちゃう、似てるけど、ちゃうやろ〜。だいいち若いし、お付きもいてないし、会議の始まる前にこんなところウロウロするかいな」

そう言えば大阪人の「あれ、ちゃうちゃう、ちゃう？」「ちゃうちゃう、チャウチャウ、ちゃうちゃう」という会話が、「あれはチャウチャウ犬ですかね？」「いえ、チャウチャウ犬ではありません」と日本語の標準語に翻訳されるのは有名な話です。すんません、脱線しました。

分科会のブースに面した五〇〇〇人くらい収容できる大会議場に入って行ったその伊達男の黒人紳士は、しばらくどこへ行ったのか見えなくなったのですが、やがて司会者に紹介されて壇上に上がります。やはり、件の伊達男が国連事務総長のコフィー・アナンさんだったんです。壇上のアナンさんはそれまでとは違い、威厳にあふれていました。でも、僕に「ナイス、スーツ！」と声を掛けられたときの嬉しそうな伊達男の片鱗は、モニターに映された、アップのアナンさんの指に光る、でっかいブルーの指輪に残っていましたね。

大振りの、多分サファイアの指輪は、アナン事務総長のスピーチ中、まるで歌手の徳永英明のアメジストの指輪のように、色っぽく左手薬指を飾って、会議場のどこからでも演台が見えるように設置された大型スクリーンのモニターにずっと映っていたのです。「あの指輪、国連の紋章が判子になっていたら笑うよな〜」と僕は傍らに座る相棒に言いましたよ。

壇上での威厳あるアナンさんもアナンさんなら、あの愛想の良い優しそうな表情の伊達男もアナンさん。この両極の対比が彼の魅力なんでしょうね。

常久しく、男は度胸よりむしろ愛嬌、偉い人でも人当たりが優しくないとカッコよくないと思っている僕はコフィー・アナンさんが大好きになりました。

ところで、コフィー・アナンさんはノーベル平和賞を受けた時の記者会見では、奥さんを伴い、ジーンズにデュエ・ボットーニのシャツ一枚で、まるでナポリのキアイアあたりのバールでカンノーロを食べてる、地元の伊達男みたいな格好で登場していましたよね。アナンさんのポケットチーフのあるなしで一文を書いた日本の服飾評論家氏は、あのノーベル平和賞の記者会見のコフィー・アナンさんの姿の意味合いを、どう解釈されるのでしょうか。

あれはノーベル平和賞にアンチテーゼを唱えるための演出だったって、書くのかな〜？僕はお洒落な伊達男のコフィー・アナンさんが、カジュアルも似合うのをお披露目したかっただけと思いますよ。

追記

ＮＧＯ事務局長の時は、甲南同窓の奥田君のお兄さんで関西経済連合会専務理事の奥田真弥氏にずいぶんお世話になりました。僕が商社にいる時は若き通産官僚だった同氏にいっぱいお世話になったし、ほんと、「オクチンの兄ちゃんありがとうね！」

不良少年は立派に更生しましたよ。

16

アゴスティーノさんの塩梅

ミラノのサンピエトロ・アル・オルト17にある、ブティックAGOの経営者、アゴスティーノさん（以下アーゴさん）はハゲ、デブ、チビのカッコ悪い男性の三要素を全て持ち合わせた、まるで三重苦のヘレン・ケラーさんのような人ですが、彼に会った人は彼の全身からにじみ出るお洒落オーラに圧倒されます。

アーゴさんが日本に来られた時に、一緒に某イタリアの高級プレタのブティックに入って、彼が洋服を触りだすと、その手先から伝わる服に対する深い愛情というか、慈しみが感じられるそのしぐさの優雅さに、気の利いたブティックの店員は目が点になりました。

アーゴさんがサッとサングラスを外して口に銜《くわ》え、空いた両手でハンガーから外して洋服

を目の高さに持ってきた時、必ず彼の足は、もっとも男らしい角度で開かれています。お店に入ってから服を触りだし、そのポーズに至るまでの二、三分の流れるような彼の仕草の美しさは、ちょっとした舞踊のようなんです。僕のひょうきんな甥っ子たちがそれを真似しようとして何度やっても、安物の「手品師」にしか見えないのはなぜなのか、それがずっと疑問でした。

しかしながら、後にアーゴさんがトンデモナイ頭脳の持ち主で、日本の算盤名人と同じくらいの暗算能力を持っていて、さらに、驚異的な記憶力のおかげでミラノ中の主なレストランやホテル、航空会社の電話番号は完璧に覚えており、それゆえ彼は電話帳を持たないということに気がついた時、彼の立ち居振る舞いの優雅さは、すべて完璧に計算されたものだと知ることになります。おそらく最初はすべて計算ずくの体の動きだったものが、長年の経験で身に付いてしまい、それが自然体になったんだと分かったんです。

洋服を触る様が、まるで茶の湯の達人のような域に達しているのです。

とにかくアーゴさんの洋服に対する情熱の凄まじさには、付き合えば付き合うほど驚かされました。ミラノ市内にあり、映画の撮影に何度か場所を貸したほど、お洒落なインテリアで有名な彼の自宅に行った時、いったい彼がどのくらいの洋服や靴を持っているのか知りたくて、ワードローブを見せてくれと頼みました。最初は寝室にあったクローゼットを開けて見せて、「これだけだよ」と言ったんですが、そんなはずはない。「本当のことを言えよ」と言うと、しぶしぶ全容を見せてくれたんです。

彼の驚愕のワードローブの実態とは、一〇メートルくらいの廊下の両サイドの壁面が開くようになっていて、その廊下の両サイドがすべて洋服の収納に使われていたんです。要するに家の中全体がウォーク・イン・クローゼットだったんです。

綺麗に整理されたラックには同じように見える紺のパンツが五〇本くらい、棚には紺のニットがやはり五〇枚以上収納されていました。アーゴさんはいつ会っても紺ずくめの格好をしているように見えて、あれだけの膨大な、そして紺ばかりの衣装から、毎日少しずつ表情の違う色や、素材のグラデーションを楽しんでいたんですね。

そして玄関脇の小部屋には3Dで自分の姿が写せる鏡の間があって、そこでお出かけ前に全身をチェックするようになっていました。

普段は紺ずくめのグラデーションの服を着ている時が多いのですが、五日に一度はカーキやオリーブ・グリーンとパープルを合わせた、これぞミラネーゼという配色のコーディネートをみせてくれたり、真夏には白シャツに黒パンツの超シンプルなコーディネートでありながら、午前中は半袖、午後は長袖に着替えていたり、真冬にムートンのジャケットを脱ぐと、Vネックのシャツにvネックのベストを重ね着した半袖姿だったり、伊達男の心意気まさにここにありといった按配でした。

そんなアーゴさんが大阪に来るというので、関空に迎えに行った僕は、税関の扉が開いて出てきた瞬間、目を疑ったんです。

アーゴさんはいつものように紺のジャケットで、紺のパンツ（決して紺のスーツではない）、紺のシャツのスタイルだったんですが、ジャケットの上からこげ茶色のダウンベストを着ていたんです。僕は一瞬、「地獄の黙示録」に出てくる防弾チョッキを着たGIかと思いましたよ。人間は、想像を絶する洋服の着方をしている人を見るとかなり驚くものですね。

大学生のころ、ルアー・フィッシングが流行った時に、まだ日本では一般的でないダウンベストを着た、同級生の友人のユイ君を見たヤート君のお父さんが、「君らは山に入って虹鱒を釣るんじゃなかったのか？　海釣りに行くのか？　海釣りとは聞いていなかったぞ、いずれにしても気をつけなさいよ」と言ったのを思い出しました。黄色のダウンベストだったんで、救命胴衣と思ったんでしょうね。

甲南ボーイは勉強以外の情報はなんでも早かったので、まだポパイのアウトドア・ブームが始まる前だったし、若者でもダウンベストの存在を知らない人が多かったころなので無理からぬ話です。

ところで大阪に来たアーゴさんですが、彼はミラノにいる時も、クラシックなスーツの上にヨージ・ヤマモトのコートを羽織ったり、イッセイ三宅のシャツを愛用する日本贔屓ですが、大阪に来た時はアメリカ村の若者相手のお店で、デザインが豊富にあることを喜び、安物のＴシャツを大量に買い漁っていました。お土産に買っているのかと聞くと、全部自分用だと答えてましたよ。

好奇心の強い人でしたから、治安の問題があるので夜一人でアメリカ村とかうろうろするなよ、と注意しておきました。次の日、「Ｔｏｎｙ、大阪には大きなエビやタコが動いている、巨大看板があるね～、面白いね～」と言うので、相当ディープなところまで歩いていったんでしょうね。本当に少年みたいな人です。

関空で驚かされたアーゴさんの姿のように、ジャケットの上からチョッキを着る着こなしは、今でこそ雑誌で紹介されていますが、一五年前には見たことがなかったんです。

早速アーゴさんのこの着こなしを真似てみたのですが、このジャケットの上にジレ（チョッキ）を着る着こなしが、大阪のような都会で地下鉄を利用して行動するには、実に合理的な方法だと知りました。コートよりはるかに素早く着脱ができるし、持って歩くにもかさばらないので便利なんです。ただ確かに便利は便利なんですが、一五年前に大阪の地下鉄でこの格好をしているとかなり周りの視線を感じたものです。でも目立つことを恐れていてはお洒落の先駆者にはなれないのです。

よく男性の服飾術は「目立った時点で失敗である」風の意見を見聞きしますが、僕はその意見には賛同できません。

大いに目立つべきだと思うんです。要するにかっこよく目立つか、「悪目立ち」するかが問題なんです。

それにしても先日見た、大阪の地下鉄谷町線の天満橋から乗車してきたオッサン、凄かったな〜。背中に自転車の車輪を背負って、スポークには提灯を四個ぶら下げていたんです。ほんと意味が分かりませんでしたよ。あれは典型的な悪目立ちです。

とかく関西の電車には奇人が出没するのが有名です。たとえば阪神電車のアマ（尼崎）からは、空襲警報オジサンという名物オジサンが乗って来て、毎回「空襲警報発令！」と叫びながら車内を走り回るそうです。ある日、オジサンがいつものように、やにわに「空襲警報発令！」と叫んだ瞬間、間の悪いことに乗り合わせたヤーサンに「オッサンうるさいんじゃ！」言うて、デコチンをゴチンといかれたそうです。

そしたら、オジサンはクラクラっとした後、直立不動で挙手の敬礼をし、「上官殿痛いであります！」と言ったとか言わないとか。

アーゴさんと初めて会ったのは、一九八四年だったと思います。そのころ、僕はフランス料理に興味があり、パリに用事があって出かけた帰りにミラノに立ち寄って、当時はミラノと東京の青山と神戸の北野の、世界中でも三店舗でしか買えなかった、Ｂａｒｂａｓの洋服を買うつもりだったんです。そしてサンタンドレア21のＢａｒｂａｓで自分用と父に頼まれた買い物を済ませて、ホテルに帰ろうと歩いていたとき、サンタンドレアに交差する、ピエトロ・ヴェッツリという通りの街角にたたずむ、小柄ながらトンデモナイ存在感の伊達男を発見しました。

よくよく彼の服装を見ると、グレーにグリーンのウインドウ・ペーンを重ねた、それまでの人生で見たことのない不思議なスーツを着て、白字に黄色と赤のストライプのシャツ、タイは赤ベースに黄色やグリーンの細かい花柄を合わせていました。それが、相当に派手な配色なのに、妙に深みのあるコーディネートなので、思わず、「良いスーツ着ているね、それにシャツもタイもモルト・ベーネやね、そんな服どこで買うの？」と聞いたんです。

そしたらなんと彼は、「俺の店で売ってるから、ついておいで」と言うのです。

僕は当然、ハーメルンの笛吹き男やチンドン屋さんについていく小学生のように、ふらふらと彼に誘われるがままについていったのですが、それがまだ日本に紹介される前の、初期のＶｅｒｒｉ・Ｕｏｍｏの二〇坪くらいの小ぶりなブティックだったんです。

彼がお店の中で、まるで舞うように振る舞い、次から次へスーツやジャケットを大きなコーディネート用のテーブルに広げ、それにシャツやタイを合わせる様子が、あたかも手品を見るような思いがして目を瞠《みは》りました。

彼のコーディネートは、それまでの僕の常識をはるかに超えたユニークな提案に満ち溢れていました。

たとえば、シャツの中の色を一つ抜くコーディネートなんて発想ではおぼつかない、しいて言えば絵画を描くように、全体の色彩バランスとトーンを重視した手法の色合わせで、最初は一種の違和感を感じても、しばらく眺めるうちに、そのコーディネート以外は考えられないと思える、超上級者向けの色の組み合わせだったんです。

Ｖｅｒｒｉ・Ｕｏｍｏは元々シャツ専門店だっただけあり、アゴスティーノさんの、人のやらないユニークな配色のＶゾーンの提案には定評がありました。

当時のミラノといえば、Ｂａｒｂａｓから離れてサンタンドレアにブティックを開店した、ジョルジョ・アルマーニのウインドウ・ディスプレイの前には常に三、四人の人だかりがあって、そのユニークな配色のコーディネートをため息交じりで見守っていた時代です。

日本の服飾評論家諸氏はアルマーニというと、すぐにユニークなコンストラクションでテーラードの常識を変えたなどと言いますが、アルマーニの成功は、それまで誰もやらなかった「汚い色」の配色のコーディネートをして、エレガントな服の世界を構築したからだと思います。なぜ日本の服飾評論家諸氏が配色のことを語らないのか、僕は不思議で仕方ありません。

重ねて言いますが、アルマーニさんがなぜ成功したのかは、アルマーニさんがヴェスティメンタ社と開発した、画期的な接着芯を多用したテーラードのユニークさだけではなく、フンゴ色やカーキ、オリーブなどのアース・カラーを混ぜ合わせたようなグレーと、彩度の低いくすんだ原色を合わせる提案をしたからだと信じて疑いません。お洒落においては、服飾評論家の本を読んでスペックを学ぶより、美術館で絵画を見て色彩感覚を磨くことのほうが重要だと思うんです。

ところでＶｅｒｒｉ・Ｕｏｍｏの店長だったアーゴさんは、実はＶｅｒｒｉ・Ｕｏｍｏ社の三分の一の株を持つブランド・オーナーの一人でもありました。他の二人の創業メンバーは、レオナルド・ブルゴニョーニさん、ピノ・イノチェンテさんです。アゴスティーノさんは八九年になると、ミラノ・モーダの世界的ブームに乗って、このブランドを急拡大したんですが、世界中にブランドのリテイル・ショップを三四店舗開設したころは、Ｖｅｒｒｉ社の社長のポストにありました。

でもそんな自分の作り上げたブランドの絶頂期に、デザインコンセプトに対する他の二人との考え方の不一致により、Ｖｅｒｒｉからの独立を考えたんです。そして、かねてより多くの日本人に人脈を持っているアーゴさんは、僕がアライアンス・フォーラムの事務局長時代からお世話になっていた、僕とアーゴさんの共通の友人である、辣腕ビジネスコンサルタントのＳ女史に今後のビジネスの展開を相談したんです。

Ｓさんはすぐに日本人の投資家を連れてきて、ウン億円でアーゴさんの保有するＶｅｒｒｉ社株を売却したんです。そしてその資金で、自らのＡＧＯブランドを設立し、なんとミラノの旗艦店のすぐそばにブティックを開店してしまいました。

当時九一年ごろのＶｅｒｒｉはレディース・コレクションも華々しく始めて、世界中に三四店舗までブティックを拡大した最盛期だったので、日本人の投資家もアーゴさんから買い取った持ち株の価値がアルマーニ社のようなバリューを生むと考えたんでしょうね。

Ｖｅｒｒｉブランドを御存知の方も、初期のＶｅｒｒｉ・Ｕｏｍｏからアーゴさんが手を引くころまでのこのブランドの服が、あくまでクラシックなテイストをベースにしていたことを御存知ではない方が案外多いでしょうね。アーゴさんがいるころは、あくまでもクラシックなスタイルをベースに、深みのある配色でシックに、しかしユニークに色を使って他のブランドと差別化して発展していたブランドだったんです。

でも実際には創業メンバーの中でもっともシックな感性の持ち主のアーゴさんが抜けた後のＶｅｒｒｉブランドは、チャンピオン的存在であったアルマーニやヴェルサーチェへの差異を際立たせる方向性を見誤り、アーゴさんに言わせると、「ピエロの着る服」みたいな物ばかり発表しだし、ついにブランドが消滅しました。

九一年ごろには、アメリカのヴェンチャー・キャピタルとＮＧＯに関与していて、ほとんどアメリカでの生活が中心の僕でしたが、相変わらずの服好きなので、ミラノにはお買い物旅行に行っていました。そのころ再会したアーゴさんに、彼の新ブランドＡＧＯの商標登録を日本でしてくれたら、日本での商標の使用権のファースト・プライオリティーをＴｏｎｙさんに与えるといわれて尽力しました。ＡＧＯというロゴを日本で展開する時に「考えうるすべての商品」に適用すべく、六本木に事務所を構える在日イタリア人の弁護士の先生と頭をひねって、学生服、エプロン、下駄に至るまでのアイテムを網羅した商標登録申請書を特許庁に申請しました。

その後、九五年ごろに僕はＡＧＯの大阪ブティックを開店し、彼のデザインした製品を輸入販売することとなります。

このブランドの顚末はまた別の機会にお話ししましょう。

それにしても、Ｓ女史の連れてきた日本人投資家のＭさんは、アーゴさんのＶｅｒｒｉ社の持ち株を、まるで花一輪買うように即決で買いましたよ。

いくら日本がバブルの末期のころとはいえ、さすが日本を代表する電気メーカー、ウォークマンを開発したＳ社の創業者、Ｍ氏の御長男ですね。

17

付属の多いオッチャン

僕は付属の多いオッチャンです。首から上だけを見ても、頭には帽子が乗っかっているし、眼鏡をかけているし、ヒゲまでついてる。電車に乗っていると、乗り合わせた子供によくじろじろ見られます。

特に赤ちゃんは実に不思議そうに僕の顔をのぞきこみます。最近はウオレット・チェーンにネックレスまで付けているので、確かにすこし装飾過多の傾向がありますが、先日も大ぶりのラピスラズリで作ったネックレスをつけて電車に乗っている時、幼稚園児の男の子が僕を見て、「男のくせにネックレスしてる〜！」って言いました。

僕はちょっと機嫌が悪い日だったので、その子の母親が見ていない隙に、男の子のほっぺたをつねってやろうかと思ったけど、それって立派な犯罪なので思いとどまり、親の目を盗んでとりあえずは「怖い顔」をしてやりました。これが小学生くらいの少年なら張り倒してやろうかと思うのですが、現実的には小心者なのでなかなかそれもできません。この前なんか近所の悪ガキどもに「赤い靴はいてる〜。変なおっさんや！」と言われたのに、下向いて足早に立ち去ったのです。

でも僕が小学生の時にコシノ三姉妹がご近所を歩いていたら、きっと「変なオバちゃん三人来よった〜！」と言っただろうし、ファッションを理解できないガキは相手にしないことです。

僕みたいに付属をいっぱいつけていると、やっぱり困るのは空港のボディチェックです。いつもいっぱい付けたり外したり、トレイが一皿満杯になってしまいます。

でもロンドンのヒースロー空港でパンク野郎が何度やり直しても金属探知機をパスできないで、列の人にブーイングされ、しまいには泣き顔になり別室に連れて行かれたのは可哀相でしたね。気の弱いパンク野郎はボディーピアスをいっぱいしてたんでしょうね。

今回、男のアクセサリーのお話です。

ブレスレット編

僕には甥っ子が四人いますが、甥っ子たちが大学に入学する前の春休みに、必ず彼らを順番に一人ずつ連れてイタリア旅行するしきたりになっています。

No.1のユー君、No.2のタッチャンに引き続いて、昨年甥っ子No.3のコーちゃんとイタリア旅行に行った時、ナポリで外貨両替をしようと思って入った銀行で、突然ピストルを下げたガードマンに呼び止められました。

ナポリは治安の悪い街で、その何年か前に甥っ子No.2のタッチャンとナポリの駅前を歩いていると、タッチャンが「Ｔｏｎｙ、なんであんな所で献血やってるの？」と聞くのでよく見ると、腕に注射器をぶら下げたままふらふら歩くジャンキーのオッサンだったので、思わず「献血とちゃう！　目ぇ合わせるな」と言いました。

だから、ナポリでは銀行でもガードマンにピストルで脅されてカツアゲされるのかと思って身構えたんです。ところが件のガードマンはただ単に、僕の右手の珊瑚のブレスレットと象牙の指輪を見て、「それカッコいいね」と言いに近づいてきたんです。イタリア男のお洒落に対する情熱が、つい仕事を忘れさせたんでしょうね。

日本人はそんなことはあまり言わないのですが、アメリカ人やイタリア人は人の身なりを素直にほめるし、ほめられたほうも素直に「ありがとう」と答えるんです。そういうことを素直に言って見ず知らずの人に声をかけるのは、アメリカなら西海岸、イタリアでは南イタリアのほうが顕著ですね。

大阪人は違った意味で「いらんこと言い」の傾向がありますよね。

ＪＲ京橋の駅で立ち食いウドンを食べていたりして、ちょっと多めに一味唐辛子を振り掛けると、居合わせた見ず知らずのオバチャンやオッチャンに、かなりの確率で「そんなことしたら、痔ぃ～になるで～」とか言われます。

僕もブレスレットを最初にしたときは勇気がいりました。オカマと思われないか？　柄悪いおっさんに見えないか？　こんなことを堂々と言うと、きっと顰蹙《ひんしゅく》をかうかも知れないけど、僕はお顔がお上品なので、下品にならない自信があったからブレスレットに挑戦したのです。それも四〇歳過ぎてからです。そのころからクロムハーツなんかのシルバーが急に日本で流行したけど、「銀で一〇万円以上するなんて原価の一〇〇〇倍くらいなんじゃないか、そんなんつけるくらいなら、絶対に人のしていないものを探そう」と心に決めたんです。

それ以来、年に四回くらいする海外旅行でストリート・ヴェンダーから宝石店、骨董屋に至るまでブレスレットを探すのが僕の趣味になったんです。

ブレスレットの面白いのが見つかるのは、やっぱりアメリカですね。NYの四七丁目界隈やバーニーズやバーグドルフ・グッドマンなんかのメンズ・アクセサリー売り場では、ジャスティン・デイヴィスやクロムハーツとかの若向きの物より、むしろジョン・ハーディーやデヴィッド・ヤーマンといった大人のためのアクセサリー作家のブレスレットが充実しています。

名前は忘れたけど、サンフランシスコのフィルモア・ストリートにあるお店（ここは古代ローマのコインを使ったペンダントや指輪も良い）、ロンドンのバーリントン・アーケードのアンティークショップも僕のお気に入りです。

三年くらい前にロンドンのニューボンド・ストリートでリンクスを見つけた時は嬉しかった。最近日本でもリンクスは阪急メンズ館なんかで買えますが、僕がロンドンで買った物が日本では三倍の値段で売られているのには驚きました。

トルコのイスタンブールのグランバザールもブレスレットの宝庫ですね（さすがスルタンのお国柄、良いものもあるけど値段交渉が難しいのが難点）。

さらに滅多に行けないかも知れませんが、バリ島のウブドにはオーストラリア人のアーティストがやっているアクセサリー店があって、淡水真珠のブレスレットなんか、良いものを作ります。僕はタヒチの黒真珠のブレスレットは、神戸の友人がやっている奥田真珠貿易で作ってもらってます。

ブレスレットはメンズの物でもよほど厳ついデザインでなければ、ユニセックスでつけられるものが多いですよね。

僕は今は一滴のお酒も口にしませんが、一〇年くらい前までは大酒飲みだったんです。マイルドなアル中と言ってもよいかもしれません。

おそらく二〇歳から四五歳くらいの間に、アルコール濃度をビールに換算すると、二五メートルプール一杯とまで言わなくても、うちの家の裏庭にあった一五メートルプール一杯くらいは飲んでしまったと思います。

四〇歳から四五歳くらいまでは、夜な夜な北新地でべろべろになるまで飲んでいた時期があります。その当時の経験で、北新地のホステスさんたちはお客さんの手を実によく観察しているのに気がつきました。

当時、完璧に正体を失うまで酔っ払って、帰宅するとブレスレットが必ずなくなっていました。

酔って気前がよくなった結果、ホステスさんたちにブレスレットを進呈していたんでしょうね。エルヴィス・オン・ステージを見た時、キング・エルヴィスですら、ファンに盗られないように指輪をバンドエイドでとめてあったのを考えると、僕のほうがキング・オブ・ロックより気前が良いのかもしれません。

エルヴィスはお客さんにはタオルを投げるだけ、僕は高いお金を払う客なのに、お土産を置いて帰っているんですから、なんともアホな話です。

酔っ払うと、とにかく気が大きくなる傾向があったようです。本性の気の弱さがアルコールによって解き放たれ、潜在意識がむき出しの男になっていたのでしょう。

酔っ払って縁日の屋台でチンチン焼きをつまみ食いし、テキヤの兄ちゃんに追いかけられたとか、ヤーさんの車を蹴っ飛ばしたとか、数々の逸話もあります。でも酔っ払ってそんなことをするときは、必ず甲南中学からの友人のモリオ君が一緒にいる時だったんです。

なにせモリオ君は甲南中学で一番喧嘩が強かった。「四〇年目の学生服」のところで書いたように、甲南の中高は関西でも有数のお坊ちゃん学校なので、よく下校時に腕時計なんかをカツアゲされていたのですが、あまりの被害の多さに、もっとも男気のある鷲見豊三郎という先生が「モリオ、わしが責任を持つから甲南にも強い奴がいることを教えてやれ!」と言ったので、モリオ君は全校でただ一人、学校公認の喧嘩のライセンスを保有することになったんですから。

モリオ君にはストリート・ファイトの危機を救ってもらった以外にも、日本海で二日酔いのまま泳いで溺れそうになった時も助けてもらったし、彼がいなかったら死んでいたかもしれないということが、一度や二度でなくありました。

一人で飲んで正体もなく酔っ払った時なんか、実によくひっくり返ったものです。Ｒｕｆｆｏの革のカーゴパンツがビリビリに破れるような転び方をしたんですから、革のパンツでなかったら入院ものの大怪我だったでしょうし、とにかく危険がいっぱいのマイルド・アル中時代でした。僕は映画「酒とバラの日々」の中のジャック・レモンほどの凄愴《せいそう》苛烈なアル中になる前に、糖尿病を発症して断酒したんですが、もうちょっとでＡＡ集会で「アイ・アム・アン・アルコホリック」と自己紹介しないといけないところでした。

酔っ払って、ちょっと躁病患者の一歩手前くらいに浮かれていたときなんか、以前書いた六本木でスッチーにナンパされたときのように、湧き出るような「あほ話」のワンマンショーに北新地でもかなり大きな高級クラブでほとんど全部のホステスさんたちが僕の周りに群がってしまい、ほかのテーブルのお客を無視するようなことが起こってしまうのです。

そんな時はお店を出る時に、口の上手いママさんに「Ｔｏｎｙさん、悪さするんじゃないわよ～」などと言われてずいぶん良い気分になっていたものです。

ある時なんか、お客さんの中に俳優の小林旭さんがいるのを見つけて、ここは一つ御本人の目の前で、旭さんの持ち歌では一番軽い乗りと言うか、はっきり言って軽率な歌である「自動車ショー歌」を歌ってやろうかと思ったんですが、すんでのところで思いとどまりました。

「あの娘《こ》をペットにしたくって、ニッサンするのはパッカード、骨のずいまでシボレーで、あとでひじてつクラウンさ～。ジャガジャガのむのもフォドフォドに、ここらで止めてもいいコロナ～」

なんて、あんなアホみたいな歌詞の歌を酔っ払いの僕が御本人の目の前で歌ったら、旭さんをオチョクッているみたいだと思ったちーママに、必死で袖を引かれて止められたんです。でも昭和の大スターは酔っ払いの僕が、熱烈な小林旭ファンの妹のためにサインをお願いしても嫌な顔一つせず、僕を自分のテーブルに招き入れてくれました。

そして旭さんは、一人で一〇人くらいのホステスさんに取り巻かれていた僕に対抗するために、新規でボトルを注文したんですが、それが多分直径四〇センチはある、明治の大砲のようなレミーマルタンだったんです。あんなん初めて見ましたよ。あまりにでっかいボトルなので、ボーイさんは西南戦争の時の西郷軍の兵隊さんのように台車に乗せてロープで引っ張ってきたんですから。さすがに昭和の大スターですね。

ネクタイ編

僕は今はほとんどネクタイはしませんが、イタリアに行ったらフィレンツェのリベラーノとミラノのＡＧＯでネクタイを必ず五本くらいは買うんです。

ネクタイはしないけど買う、そういうもんなんです。今でこそ、ネクタイよりスカーフを首に巻いている日のほうが多いのですが、昔商社マンだったころは、当然毎日ネクタイをつけて会社に通っていました。毎朝顔見知りのＯＬさん以外にも五人くらいの他の部署のＯＬさんが、ネクタイとシャツのコーディネートを見に僕の席までやってきました。

その中の気の利いたＯＬさんは、「Ｔｏｎｙさん、今週はピンクの週ですね」と見抜いたりしたんですが、僕は日曜日の夜にウイーク・デイ五日分のタイとシャツを、今週はピンクのシャツをベースにしようとか、チェックのシャツをベースにしようとか、週ごとにテーマを決めて組み合わせておいたんです。

そのころから僕の感性は圧倒的に女性にモテたようです。

ところで、ネクタイほど男性が選んだ物と女性が選んだ物が違ってくる物はないと思います。

これまで僕が気に入るネクタイをプレゼントしてくれた女性は存在しませんし、今後も期待していません。女性がネクタイを選ぶと、その色や柄のみで選んでしまいがちで、スーツ、シャツ、ジャケットに合わせた効果を考えないんです。

だから女性が選んだネクタイをつけると、ネクタイだけが目立ってしまう傾向があります。それに対して、一般的な男性は無地や小紋、レジメンタルでも、色を二色くらいに抑えたクラッシックな柄で、一〇〇年くらい変わってない古臭い感性に逃げ込んでしまい、面白みに欠ける、地味なだけのオッサンになってしまう傾向があります。

某服飾評論家の大先生のVゾーンがその典型で、件の先生は同じような紺の小紋などの地味なだけのネクタイを、何と一〇〇〇本所有されていたそうですが、それって、単に買い物中毒の不健全な物欲のなせる業なんじゃないでしょうかね。

そんなことを言っても、創意工夫のある着こなしをモットーとする僕も、ネクタイ選びの感性は三〇年くらい前から変化していません。僕の好きな感性とは、ここ一〇〇年くらいのファッションの流れでは、もっとも刺激的な創意工夫に溢れていた時代と言える、七〇年代の後半から八〇年代中ごろまでのミラノ・モーダの初期の感性なんです。

当時のＢａｒｂａｓやＶｅｒｒｉ・Ｕｏｍｏの提案するＶゾーンの新鮮な驚きを引きずっているだけなのかもしれませんが、でもあのころのミラノで受けた衝撃は、少年期のＩＶＹから英国暮らしや商社マン生活を経て、初めて自分の求めていたスタイルに行き着いた気がしたのです。

僕はあの時初めて、ネクタイというものは単独では存在価値を持たない代物だということを知りました。サンタンドレアのＢａｒｂａｓやアルマーニ、ピエトロ・ヴェッリのＶｅｒｒｉ・Ｕｏｍｏでジャケットを買ったりすると、舞うような仕草でお店の人が次から次へシャツとタイをコーディネートして見せてくれるのですが、その色の合わせ方がそれぞれのお店の感性を物語るユニークさで、ショーとして見ても楽しかったのです。

あのころのミラノでは、究極のパターン・オン・パターンとも言える、チェックやストライプのシャツに同じ色がどこにも入っていないネクタイを合わせる、まさに感性のみを頼りにＶゾーンで自由に遊んでいたんです。

あの時気がついたのは、彼らは滅茶苦茶をしているみたいに見えて、実は計算されつくしたコーディネートの鉄則を持っているということです。それは、日本人の考えるコーディネートは色目のみで組み合わせるのに、彼らは同じ色をはずして、色のトーンでシャツとネクタイを合わせるコーディネート術をよく使うということです。

そしてネクタイのパターンはクラシックな小紋、レジメンタル、ドットなどの柄でも、ジオメタリックな柄でも、プリントでもジャガード織りの物でも、初めて目にするような配色で作られた物が考案されていました。

八〇年代初頭は、そんな新しい感性のネクタイを徹底的に考え抜いたシャツとのカラーコーディネートで、ミラネーゼたちはお爺さんから少年まで実によくネクタイをしていました。ブルゾンの中にもネクタイだったし、真夏には半袖シャツにネクタイを締めていました。真夏にリネンのシャツにネクタイを締めて、スエードの薄手のジャケットを羽織っている人なんかもいましたし、靴下を履いていないのに首にストールをぐるぐる巻いた、「あんたは暑がってるのか、寒いと思っているのか、いったいどっちなんや?」と言いたくなる格好をするのが、イタリアの伊達男の心意気ってもんなんでしょうね。

日本のクール・ビズの発想とはどえらい違いです。

僕はクラシックな柄のタイをＥｔｒｏなどの斬新なストライプやチェックのシャツに合わせるために、あえてクラシックな柄のタイを買う必要を感じた時などは、よくミヌッチさんがいたころのフィレンツェのタイ・ユア・タイに行きましたが、今はオーナーのシモーネが無愛想すぎるので行きません。

やっぱりお買い物、特にネクタイのような必要だから買うのではなく、買うことの楽しみのために買う物は、売る側と買う側のやり取りがイヴェントで、そのイヴェントへの参加費用も商品代金に入っていると思うのです。

亡き父が「染みのついたネクタイをしているサラリーマンは出世しない」と言っていたのを思い出します。

父はネクタイを締めるときはシャツの第一ボタンは外すものだと教えてくれましたが、僕は未だに父以外にこのことを言った服飾評論家を知りません。父はネクタイが緩んだ時、シャツの一番上のボタンを留めたままだと、そこに隙間ができてみっともないし、片手でネクタイを弛めるという、男性としてもっとも色気のある仕草ができないということを知っていたんでしょうね。

本当の伊達男を目指したいなら、服飾評論家の本なんか読むより、この人こそはカッコいいと思った人をお手本にしてお洒落の本質に迫ることを学ぶべきなんです。その意味では僕は関西髄一の伊達男と言われた父が身近にいたので恵まれていたのかも知れません。

父は、靴は必ず踵《かかと》まで磨けとも言っていたんですが、ネクタイに染みができたら、どんなお気に入りのネクタイでも躊躇しないで捨てるべきだとも言っていました。

確かに父の言うようにネクタイに染みができたのを平気でつけているのは、「シミッタレタ」男ですね。まさか「しみったれた」という言葉の語源がネクタイの染みだとは思いませんが。僕も父の言葉に従って、若いころから染みがついたらどんなに好きなネクタイでも捨てていましたよ。

僕は子供のころから不器用で有名な子で、歩けば転ぶ、御飯食べたらこぼす。大人になってからも「垂らしの名人」と父や母に言われてました。ホテルオークラの久兵衛で父とお鮨を食べていた時も、カウンターの上のちょうど僕の肘が当りそうなところに醤油をこぼしているのを見つけた父が「Ｔｏｎｙ、気ぃつけや！」と忠告してくれました。僕は「いつまでも子供扱いすんなよな」と心の中で思い、不機嫌に「うん、わかってる」と答えたのですが、そのとき僕は肘に気を取られていて、ネクタイが醤油の小皿にどっぷりと漬かっていたのに気がつきませんでした。

僕は「染みったれた男」どころか、どっぷり醤油に浸かったネクタイを締めた男だったんです。

八五年ごろ、ミラノで珍しい花柄のタイを買って、あんまり気に入ったので、お店を出る時に早速つけて出たのはよかったのですが、その後入ったレストランでスパゲティー・ポモドーロのソースが跳ねて、買いたてのネクタイに染みがついた時はこのネクタイとは二時間の付き合いだったな～と悲しい顔をしていたのです。

そんな時、レストランのウエイターさんが何も言わずに、いきなり髭剃りフォームのような泡状の物を僕のネクタイにスプレーしたのです。あまりに突然なので、思わず日本語で「なにしよんや、おっさん！」と言ってその泡を取ろうとすると、不思議なことにその泡はパウダーに変化していました。そのパウダーを叩いて取ると、ネクタイの染みは綺麗に消え失せていたんです。

「ヴィアヴァ」というその魔法の染み抜きと「オトサン」という耳クソ掃除の道具はイタリア旅行でははずせないお土産です。

僕は「ヴィアヴァ」は日本でもうどん屋さんに置くべきだと思います。カレーうどんは絶対にお汁が跳ねるものね。

それにカレーうどんを注文した時に限って、不思議と白い服を着ていたりするものね。

でも「ヴィアヴァ」がなくても、染み付きネクタイの再生法があります。僕はナポリのマリネッラで買った物を見本に、染みがついてしまったネクタイを解体して、お裁縫の得意な伯母さんに頼んでネクタイ生地の「眼鏡入れ兼ポケットチーフ」を作ってもらいます。

毎月一度、足の不自由な伯母さんのためにクリニックに薬を貰いに行くのが僕の役目なんですが、伯母さんにＴｏｎｙにお礼がしたいと言われて、すぐにこれを作ってもらうことを思いつきました。

僕にとってマリネッラのネクタイは地味すぎて面白くないので、マリネッラに行ったらもっぱらポケットチーフを購入するんです。マリネッラのご主人だと思われる一番年長のお爺さんは、僕が箱に入った大量のポケットチーフの中から四、五枚を選び出すと、感極まったような表情で何かをイタリア語でつぶやいて、いつも一枚おまけとしてタダにしてくれます。僕がポケットチーフを選んでいる時は他のショップ・スタッフも僕の手元に目が釘付けになっているし、彼らは僕をいったい何者と勘違いしているんでしょうかね。僕はハンチングをかぶると菊池武夫さんにちょっと似てると言われるし、菊池先生も付属の多いオッチャンだけど、まさか間違えていることはないと思うんですが。

18

僕はハゲです

「四〇年目の学生服」にも出て来た甥っ子No.4の大ちゃんは、つい最近まで、僕がお洒落のために頭髪を永久脱毛したという話を信じていました。

他にも、東京オリンピックで重量挙げの選手として参加したけれど、決勝当日の朝、のりの佃煮の蓋が開けられなくて自信喪失して棄権したとか、マラソンでぶっちぎりの独走態勢中に便意をもよおしたため、沿道の観衆の持つ日の丸の旗を引きちぎって、わき道で用を足したのが右翼にばれて、やむなく反対向いて走って逃げた、等々の話も信じていたんですが、それらのTonyのホラ話の一環としてではなく、大ちゃんは僕が本当にお洒落のために永久脱毛したと信じて疑っていなかったんです。

大ちゃんは僕より四〇歳年下なので、彼が生まれた時に僕はすでに立派なハゲだったのですが、頭に髪がある若いころの写真を見せると、絶対に今のほうがカッコいいと主張します。そのくらい僕のハゲ頭は板についているんです。

思い起こせば、僕がハゲ始めたのは七六年、ロンドンにいたころからです。最初は髪の毛が細くなってきて、大きく綺麗なカールが出てきたので、イギリス人と同じ物を食べているからかな、「アルフィー」や「探偵スルース」の時のマイケル・ケイン、もしくは「アラビアのロレンス」のピーター・オトゥールみたいになるのかな、短めにカットしたら、スティーブ・マクイーンみたいな、波打つようなウナジになるのかと喜んだのもつかの間でした。朝起きると枕が抜け毛で真っ黒になりだしたのです。先日、本棚を整理していて、中学時代の数学の教科書を見つけたんですが、教科書の余白にスーツを着て、眼鏡をかけたカッコいい紳士の絵が描いてありました。これは数学嫌いの僕が授業中に夢想して落書きしていた三〇年後の自分自身の絵なんですが、その絵の紳士の頭髪はフサフサ波打っていたのです。

要するにハゲてしまったのは、僕の人生における最大の想定外の出来事だったんです。脱毛は二〇代から始まり、その後少しずつおでこが広くなっていって、アライアンス・フォーラムの事務局長時代に大きな国際会議を企画するたびに、頭を使う作業のせいで、毎回ごっそりと脱毛してしまったのです。

即ち、僕の頭髪はNGO団体の活動の一環として、世のため人のために捧げたようなものなんです。今でこそハゲという運命を受容して達観の境地に至っていますが、若いころはそれなりに悩みました。僕の養毛剤遍歴を書くだけでも、きっと出石尚三さんの『スーツの百科事典』ぐらいのボリュームの著書になります。

それにしても中国人民解放軍の開発した、スーパー101という養毛剤は騙《だま》しでしたね。今思い出しても腹が立ちます。

本当に軍隊が養毛剤を開発するか？　と疑問を持ちながらも、日本では入手困難なスーパー101を、サンフランシスコのチャイナタウンや香港の漢方薬店で探し回ったりしたんです。そしてジャブジャブとスーパー101を振りかけ、漢方薬臭い頭で、電車に乗り合わせた女子高生に鼻をつままれても、いつかはきっと発毛してくれると信じて、かなりの金額をスーパー101につぎ込んだ時期があります。結果は頭の皮が二度めくれる強烈な副作用に悩まされただけでした（あれ以来、僕は反中です。尖閣諸島は日本固有の領土です!!）。

なにせ脱毛に一番悩んだころは、牛の唾液がハゲ治療にいいという根も葉もないデマですら気になって、六甲牧場で搾乳中の牛の鼻ヅラに頭を差し出しそうになったんですよ。今でこそ、ハゲてから初めて「ズルッと一皮むけた」本物の伊達男になるんだと思えるほどに、人生を達観できるようになったんですが、それも五〇歳近くになってからです。正直に告白すると、梅田のアデランスの事務所にカツラをオーダーしようと思って訪ねたことがありました。

最初は、カツラをかぶっている人からは、なぜか世間に隠し事をしている日陰者の哀愁が感じられて嫌だったんです。

しかしながら、甲南高校時代の友人で、交換留学生だったロバート・クライン君が二三歳くらいの時に家に遊びに来て、家の裏庭にあったプールで泳いだんですが、その時、「コモヤンの自宅のプールでは気兼ねせずに脱いで泳げるから感激やで～」とアッケラカンと嬉しそうに言って、堂々とカツラを脱いで泳ぎ、水から上がるとまた被ったのを思い出したんです。

あんな風に平気で脱いだり被ったりして、自分がハゲだということを隠さないのは究極のお洒落で相当カッコいいことではないんだろうか？　と思ったのです。要するに初対面の人には「これはカツラです」と言って、カツラを帽子のように脱いで挨拶して、ハゲであることをカムアウトしたうえで、カツラをお洒落のツールとして使ったらいいんじゃないかと思いついたんです。

　ところが、いざカツラをオーダーしようと、アデランスの梅田事務所に行き、アクリルのスクリーンで頭の型を取られている時、チンと澄ましたもう一人の僕の声が聞こえたんです。

「Ｔｏｎｙ、人生を偽るな！　卑怯者になるな！」と。

　家のプールで堂々とカツラを脱いでハゲであることをカムアウトしたロバート・クライン君ですが、その後しばらく彼とは音信不通でした。ところが四〇歳くらいのころ、東京の地下鉄に乗っている時、次の車輛のドアを開けて大声で「コモヤ〜ン！」と叫びながら走ってきたツルッパゲの外人がいる。よく見るとそれはほぼ二〇年ぶりに見るロバート・クライン君でした。

　久しぶりに会ったロバート君はなかなか板についたハゲっぷりでしたが、そのころには彼も達観して、二度とカツラは被らないと言っていました。その後、ハゲをカムアウトして自由になったロバート君は、五〇歳を過ぎて自分が同性愛者であることもカムアウトしたんです。なんもそこまで自由になる必要もないのにね。

　二〇〇三年のジュネーブの国際会議の合間に、ミラノのサルトリア・イプシロンでのスーツの仮縫いにミラノ入りした僕は、リナーテ空港からミラノ市内に向かうタクシーの運転手が、話好きで英語が得意な人だったので、市内の常宿に着くまでいろいろ話し込みました。六〇歳前後の運転手さんは、急にシリアスな口調で「今度貯金が溜まったので、かねてよりの夢だった日本に旅行に行こうと思っているんよ、ついてはどこらへんに行ったら日本の美女をナンパできるやろうね？」と聞いてきたのです。

僕はその運転手さんがツルッ禿げのオジンだったのに驚きながら、「そんなもん、簡単に分かったら人生バラ色やんか。それにおっちゃんハゲてるし、年も僕より一〇歳くらい上やし、どうしても思い出を作りたいと言うなら、日本にはソープランドという、大人のディズニーランドみたいなものがあるよ。たとえば東京近辺なら、ヨシワラとかホリノウチとか」と言って懇切丁寧にソープランドのシステムを、スケベ椅子やマットの使い方を含めて説明してやったんです。

でも、そのタクシードライバーは、金銭の介在する関係は自分のプライドが許さないし、自分は敬虔なカトリックであり、そのような悪所に行ったらマリア様に顔向けできないと言うのです。確かに伊達男を目指す僕自身も、金銭が介在する肉体関係には抵抗があり、風俗嫌いなだけに、彼の意見に深く同意したのですが、英語とイタリア語では出会い系も無理だろうし、困ったもんだと思いながらも真剣に相談に乗ってあげましたよ。そして結論の出ないまま、タクシーを降りる時、彼の勇気と情熱に心の底から「グッド・ラック」と言ったのです。

ラテン系の情熱溢れる彼らにとっては、ハゲなんて何らコンプレックスになりえないんですね。

そもそもイタリア人の女性はハゲを差別しない人が多いそうで、なんでもイタリアの歴史上でもっともセクシーな男性のランキングでは、いつもカミチェ・ネロ（イタリア・ファシスト党）のムッソリーニ総統がNo.1に選ばれるそうです。イタリアの男性は美的感性が発達した人が多いので、ハゲたくらいで荒んだり、めげたりしないんでしょうね。僕が会ったイタリアの三大エレガント・ハゲおやじは、以前にご紹介したＶｅｒｒｉ社の元社長で現在ＡＧＯを経営している、アゴスティーノ・デリ・アゴスティ（アーゴさん）、ルチアーノ・バルベラさん、それとカプリ島のロベルト・ルッソさんです。

そしてその三人のエレガント・ハゲのイタリア男の中で、一番可愛い格好をするのが、僕の刎頸《ふんけい》の友であるアーゴさんなんです。

僕は長年の経験から、男受けの良い服の着方と、女受けの良い服の着方がこの世に存在することを知っていますが、女受けする服とは「可愛い服」なんです。決して、ちょいワル風の突っ張った服じゃないんです。

ミラノのアーゴさんは、ハゲでも女性にもてる典型なんですが、彼が大阪に来た時、初めて彼に会った僕の妹の第一声は「きゃ〜可愛い!!」だったんです。

僕がなぜアーゴさんと感性が合ったのか、それは僕自身がオッサンのくせして「可愛い格好」をする性癖があるせいなんでしょうね。そして、なぜ可愛い格好をしたがるかと言えば、きっと亡くなった父の影響だと思うんです。

父は僕が四〇歳を過ぎて、濃紺のスーツに白のシャツでネクタイを締めていると、「Tonyもっと可愛い格好しなさい」と言っていました。僕は父に溺愛されて育ち、子供のころは父の着せ替え人形だったんです。

心斎橋にあったインディアンという高級子供服ブティックは、おそらく昭和三〇年代中ごろでは関西随一のモダンで高額な輸入物の子供服を販売していましたが、そこで父は僕に上から下まで自分でコーディネートした子供服を買うのが、休日の何よりの楽しみであり、喜びだったみたいです。

おかげでインディアンの高級子供服を着た、見るからにお坊っちゃん風の僕が心斎橋を歩いている時、あまりの可愛いらしさに、大丸の専属子供服モデルとしてスカウトされてしまいました。僕の脳裏にはいまだにファッション・ショーのランウェイの記憶が残っています。ちなみにインディアンの最重要顧客は、当時「てなもんや三度笠」の珍念役で人気者だった、白木みのる師匠でした。

余談ですが、たった今、珍念で思い出した都々逸があります。「坊主抱いて寝りゃ、無茶無茶に可愛い、どこが尻やら頭やら」。これは男色の世界なんでしょうが、可愛いハゲは女性にもモテるんです。

僕はハゲてしまっても、可愛いハゲは女性にモテることを知っているし、可愛い洋服の着こなし方こそ僕の得意技なんですが、ここで初めて告白しますが、五〇歳を過ぎてからの僕は、女の人にモテたくてお洒落をしているんじゃないんです。

はっきり言って女性にはずいぶん苦労したんで、もうどうでもいいんです。

思い起こせば、小学三年くらいの時、母と神戸の元町商店街を歩いていたら、筮竹《ぜいちく》を操っている易者が僕を呼びとめ、「坊やは典型的な女難の相がある」と言ったんです。子供心に、このおっちゃん、タダでそんなこと教えて商売になるのかな？　と思いながら、同時に大人になったら僕はずいぶんモテモテになるんだろうな〜！　と思いました。僕は占いや易のようなものを信じないほうなのですが、残念ながらその時の易者の言葉はやがて現実になります。しかしそれは、モテモテになるのとは別の意味だったんです。

誤解のないように申しますと、僕は決してモテなくはないんです。それどころか、前にJALやアリタリアのCAさんたちにナンパされた話を書きましたが、どちらかと言うとかなりモテるほうなんです。でも親密な関係になったらその後が宜しくない。不思議といろいろとトラブッてしまう。それになまじ資産家の家に生まれたせいで、自分に接近してくる女性がみな金目当てに見えてくるという、悲しい現実もあります。

あえて言うと、僕がお洒落をして街を歩く理由は、洋服が好きで自由人だから、そしていろいろな着こなしのアイデアを持っているので、お洒落の楽しさを男女を問わず、世間の人に少しでも分かっていただくのが、自分に与えられた使命だと思っているからなんです。実は、お洒落すぎると胡散臭くなってしまって異性にはモテなくなるんですが、僕くらいとことんお洒落になってしまうと、天然記念物的な珍しさでモテるモテないの世界を超越した世界、すなわちすれ違った人に男女を問わず「眼福」を与えているんです（すんません、ちょっと言いすぎかな？）。

再度声を大にして言いますが、僕は女性にモテたいためにお洒落しているのではないんです。ただし可愛く洋服を着こなしてしまうのが亡き父により刷り込まれた性なんで、僕の洋服の着方は男より女受けが良いみたいなのです。その証拠にＦａｃｅｂｏｏｋで僕のコーディネートを紹介すると、「良いね」の数は圧倒的に女性のほうが多いんです。

そこらへんが僕がハゲても「可愛い」と言われる所以なんでしょうね。

男性読者の皆さんは、女性の「可愛い」という言葉の意味の幅の広さを知っていると、ハンサムでないとモテないといって荒む必要がないことに気がつきますよ。

女性の言う「可愛い」というのが、「ジャニーズ系」から、せんとくん等の「ユルキャラ系」までの幅があることを知っていたら、どんなブッサイクな男でもハゲでも、女性受けする自分のキャラを作っていけると思いますね。

どだいハゲなんて、一言でかたづけられない、定義の曖昧な問題だと思うんです。

おでこが異常に広い人なのか、はたまたハゲなのか、その境界線ははなはだ曖昧で、眉から上、顔面の四二・五％以内に生え際がないとハゲだとかいった、経済産業省が決めたＪＡＳやＩＳＯ規格のデファクト・スタンダードがあって、海外でもそれを基準に「ユーアー・ハゲ！」とか言われるのなら、それはそれでスッキリするのですが、実際のハゲの認定は極めて主観的なことです。

譬《たと》えて言えば、ある女性がグラマーなのか、デブなのかくらいの曖昧さかもしれません。

女性の場合のそれは彼氏の好みの問題だと思うのですが、それとおなじことで、ハゲなのか、もしくはおでこが異様に広い個性の持ち主なのかということも、彼女なり奥さんなり、その男性のパートナーの主観の問題だと思いますね。

それに日本でも、案外女性はハゲを差別をしないんじゃないかなと思います。女性たちはハゲを姑息に隠そうとする、弱い心と荒んだ感性を嫌っているだけじゃないかと思うんです。日本ではハゲをあげつらうのは、むしろ久しぶりに同窓会で会った旧友だとかの同性じゃないでしょうか。そんな奴がいたら「こいつは自分より不幸な人生を過ごしてきたんだろうな～」と勝手に思い込んで哀れんでやったらいいだけなんです。

ここらで、一応ファッション・ネタとして、僕が実践しているハゲに似合うファッション・コーディネート術を紹介しましょう。

イタリアに初めて行った時、ホテルの朝食ビュッフェで、トマトジュースと思って飲んだ赤いジュースがオレンジジュースだったのは驚きました。今は日本でも飲めるようになったブラッド・オレンジのジュースですね。イタリアはそんな風に色彩の多様なところなんです。イタリアのTVのクイズ番組を見ていても、回答者の各ブースがそれぞれ異なったカラー・コーディネートで纏《まと》められているのに驚いたことがあります。それだけにイタリアのオッサン連中は日本人が普段使わないような、オレンジやグリーン、パープルを平然と着こなしています。

もちろん、イタリア語でもアランチャ（オレンジ）色は例の柑橘の色のことですが、僕は洋服のコーディネートによくオレンジ色を挿し色として採用します。オレンジ色と茶色の相性は抜群なので、茶系のスーツやジャケットの時にはオレンジ色のシャツやタイ、ポケットチーフなどを使うし、ベルトもオレンジの時があります。

もう一つオレンジ色をよく使う理由としては、オレンジ色がハゲ頭に似合う色という、悲しいような嬉しいような現実があるからなのです。想像してください。黒髪ではオレンジはコントラストが強すぎるし、白髪ならまだしも、中途半端な白髪頭ではオレンジは似合わない。僕みたいに前方からハゲ上がってきて、首から上に占める肌色の含有率が高くなるほど、オレンジのような明るい色とバランスが取れると思うのです。オレンジは茶色以外にもブルーやイエローと合わせると、ニートな印象になりますよ。

実はここ二〇年くらい、僕はハゲを開き直って何ら手を打たなかったんですが、一昨年アメリカのスーパーマーケットで買ったサプリメント、「Ｓａｗ Ｐａｌｍｅｔｔｏ（ノコギリ椰子）」のタブレットを飲んでいると、何と髪の毛がはえてきたんです。男性は歳をとると、前立腺が肥大化するせいで夜中に何度もオシッコに起きたり、いっぺんに出きらない、残尿感と申しましょうか、なんともせつないことになるのですが、その残尿感の予防、緩和のために飲みだしたこのサプリメントには、同時に男性ホルモンの分泌を抑える働きがあるのが分かって、最近では髪の毛が増えるという副作用があるとインターネット上でも話題になっていますよ。

ここで問題なのは、男性ホルモンの分泌が低下するのだから精力絶倫を目指す人にはおすすめできないことです。

髪の毛がフサフサになったころには、多分そっちのほうは卒業することになるかもしれません。とかくこの世は思うようにいかないもので、一つ諦めることがあると、一つ新たなことが希望として芽生えるんです。

そうです、人生とは喪失と再生の繰り返しなんです（宮本輝みたいなこと言ってしまった!?）。

19

バリ島ウエディング

甥っ子No.1のユー君の結婚式はバリ島のリッツ・カールトンでした。

ユー君はなかなかのハンサムボーイですが、昔から甘え上手で、彼から物をねだられると、なぜか無条件に進呈してしまう傾向が僕にはあります。古くは大量のキンケシ（筋肉マン消しゴム）に始まり、最近はスーツのサイズが同じ四六、靴が七なので、ベルベストやイザイア、パルテノピアのスーツやJ・M・ウエストンの靴、ロレックス・デイトナ等々、おかげで彼は同世代のサラリーマンから見たら、羨ましいかぎりの物持ちになっているはずです。

もっとも、僕自身には娘しかいないので、それはそれでいいのかな～と考えています。

我が家の伊達男の文化を絶やすわけにはいかないし、僕としても、下取り先がないと在庫

が増えすぎて、新たな買い物ができなくなります。

でも先日、僕の履いていた真新しいヤコブコーエンのパンツを見たユー君に、いきなり「Ｔｏｎｙ、それ貰っておくわ！」と言われてその場で脱がされた時には、中学三年のころ、パチンコ屋で「ちょっと顔をかせや」と言われて、店のトイレに連れ込まれ、当時のお洒落少年の憧れだった、胸元に横田基地の第一ゲート前の刺繍屋さんでエンブレムを入れてもらった、紺色のボーリング・シャツをカツアゲされた苦い思い出が脳裏によみがえりました。

そのカツアゲ確信犯のユー君の結婚式に出席するために、真夏用の正装として神戸元町のＣｏｌで白いリネンのスーツを新調しました。この白のアイリッシュ・リネンは三四〇グラムの目付けで総裏なので、ちっとも涼しくないけど皺《しわ》々になりすぎないし、ちょっと季節をはずして三月や一〇月に着ることができるのはよかったです。三月にリネンのスーツでスプリングコートを風になびかせるんです。

元町のＣｏｌさんの噂は聞いていたけど、このお店では初めてのビスポークだったので、仮縫い、中縫いと三度四度、いろんなサンプルを持ち込み、理想的なダブルのボタン位置、前身ごろの開きの角度、襟のカーブ、パッチポケットの形状、パンツのシルエット等々、細かく注文を出しました。Ｃｏｌの加納さんや島田さんは、僕のわがままな注文をよく聞いてくれたと思いますよ。老舗だけど、メゾンのスタイルを押し付けずに顧客のわがままを聞いてくれるのがいいですね。

それにＣｏｌさんは何でも作ってくれますよ。その後、真夏に着る薄手の黒のリネンでサファリ・ジャケット、真冬は真っ青のメルトンでＰコートを作ってもらいました。でも、ジャケットやスーツを何着か作っていただいて、顧客として慣れてきたころにジャケットをお願いした時、「背広の胸ポケットはなんで左でなかったらいけないんやろね。いっぺん右につけてもらおかな～」と言ったのには、聞こえない振りをされました。ビスポークといっても限度があるんでしょうね。散々わがままを言う一見の客のスーツに真剣に取り組んでくれて、二ヵ月後にこのスーツが完成したときは、僕もＣｏｌさんのスタッフも一種の達成感を味わいました。

早速、出来上がった白いスーツを着た僕は、どう見てもボスに連れ添う「若いもん」にしか見えないから、一緒に歩きたくないと嫌がる甥っ子No.２のタッチャンを無理やり伴い、心斎橋に写真撮影に行きました。

白いスーツで白いパナマのハット、白いバックスキンの靴で地下鉄御堂筋線に乗ってみて、自分がいかに場違いな状況にいるかを肌で感じましたね。大阪の地下鉄は、おそらく世界で唯一「痴漢は犯罪です」とアナウンスが流れるんですが、さすがにあの格好では痴漢は無理でしょ。目立つ！　目立つ!!

大阪の地下鉄は世界一痴漢犯罪が多いそうですね。なにせ「痴漢島」と言う駅があるくらいです。すんません、誰か突っ込み入れてくれませんか？　それを言うならシカンジマ（四貫島）やろ!!　って。

心斎橋での写真撮影も無事終了し、帰宅した僕のスーツ姿を見て、母は烈火のごとく怒りました。だいたい伯父さんが新郎新婦より目立つ服を新調するなんて前代未聞であると言い出し、さらには「目立ちすぎ！　派手すぎ！　芸能人か、あんたは！」と口早に言い放ちました。

もっとも母の口の悪いのは慣れています。昔から靴を買って帰ると、「あんたは何足、靴を買うんや！　あんたはムカデか！　足、何本あんのや！」。Ｅｔｒｏの玉葱のプリントが入ったセーターを買って帰ると、「あんたは八百屋の宣伝してんのか！」てな按配なので、別に慣れっこですけどね。

それでも何を言われても、僕や僕の妹たちは、母には何も言い返せません。五六歳になった今でも、口答えしたらほっぺたつねられて、「どの口が言ったんや!!」をされる恐怖があるんです。

うちの母は八〇歳を過ぎても未だ迫力が衰えない、ゴッド・バーバなんです。最近は足が弱ってきて杖を突いて歩いているんですが、先日梅田で、若い娘がお年寄りにぶつかって、一言も謝らずに立ち去ったのを見て、母はなんとその若い娘の前にすばやく回りこみ、「天誅！」を与えるべく、体当たりをくわせて転倒させたんです。

とにかく曲がったことが嫌いで、道路の四つ角も定規で測ったように直角に曲がるんです。JR大阪駅から阪急百貨店に繋《つな》がる信号では、せっかちな大阪人のために、信号が青になるまでの残りの秒数を表示する電子掲示板があります。そこで母は一〇秒前から足踏みをしますが、決してフライングはしません。気は走っているのですが、順法精神旺盛なんです。

そんな母だったからこそ、夜な夜な北新地に出没した、ハンサムで伊達男の父をコントロールできたのかもしれません。とにかく、母は子供の時から迫力があったみたいで、あんまり腕白なので小学校の卒業式に出席させてもらえず、一人だけ校長室で卒業証書を渡されたという逸話の持ち主です。

子供のころ、母の運転する車の中で兄妹喧嘩をしたら、国道二号線の真ん中で車から下ろされ、置いてきぼりにされたことがありますし、柱に縛られたり、階段から突き落とされた記憶もあります。虐待ではなく愛があるゆえの、しかしながらまるでライオンの親子のようなスパルタ教育でした。母は年老いて、少しは迫力が衰えているかもしれませんが、それでも「極道の妻」の岩下志麻や「鬼龍院花子の生涯」の夏目雅子以上の迫力のある啖呵《たんか》を切れるとおもいますよ。

とにもかくにも、僕としては、いまだ頭の上がらない母に叱られても、めげずにこのスーツを着こみ、バリ島でのウエディングは新郎新婦が美男美女なので、せめて着ている物で目立とうという魂胆でした。

おかげでバリ島でこのスーツを着ていると、新婦の友だちの甲南ＯＧたちがみんな僕と写真を撮りたがったので、ちゃんと元を取れたような気がしました。ところが、結婚式の本番では、リッツ・カールトンの庭でダンス中に滑って転んで、お尻がどろどろになったのです。洗濯に出したスーツが、ちゃんと汚れが落ちて帰ってくるまでの僕は「青菜に塩」どころか「ナメクジに塩」状態でした。

そうそう、僕のニックネームがＴｏｎｙなのは、この甥っ子№１のユー君が幼い時、当時東京に住んでいた僕のことを妹たちが「東京のお兄ちゃん」と言っていたのを聞いて、自分でも言ってみたくなり、「とうきょのに〜」、「とうに〜」、「Ｔｏｎｙ」となったのです。ばんざ〜い！　ベンベン（分からんやろうね〜）。別に、「I left my heart in San Francisco」を歌っていたトニー・ベネットのように、カッコ良くスーツを着こなしているからではないのです。

せっかく新調したこのスーツですが、スーツとして着るのは年に一度あるかないかです。母の言うように、やっぱり街では目立ちすぎるのです。普段はジャケットとして、ブラウンのウールのパンツでインナーをオレンジにして着ています。やっぱり親の言うことは素直に聞いたほうが無難ですね。

関西在住の読者のみなさん、梅田のデパ地下あたりで、背中にリュックを背負ってボルサリーノを被り、杖を突いているカラフルな服装の小柄な老婆を見かけたら、「Ｔｏｎｙさんのお母様、今日もパトロール、ご苦労さんです」と言ってやってください。

20 僕のこだわり

誰にでもお気に入りの洋服の着方というものがあると思うのですが、僕にとってはM65フィールドジャケットとボルサリーノの中折れ帽には特別な思い入れがあります。今回はそれらのアイテムに対する僕の思い入れのお話です。

M65の冒険

僕はM65が好きで、これまでに何着買ったか憶えていないほどです。

M65というのは洋服が好きな人なら誰でも知っている、一九六五年にアメリカ軍が採用した戦闘服のことで、大きなポケットや肩のエポレット、ファスナーの形状や素材がこの上な

く機能的なデザインを施され、それが実に男っぽくって、僕らがシティーボーイを自称していた一九六〇年代後半から七〇年代初頭に第一期の世界的なブームを迎えたのです。そんなわけで、僕がM65を初めて買ったのはご多分に洩れず、神戸元町商店街の西の端っこにあった、「サトーブラザーズ」で確か一九六九年でした。

この「サトーブラザーズ」というお店は、少年の心を鷲摑《わしづか》みにするような、実に憎たらしいお店でしたね。駐留軍放出物資と書かれた看板の下のショーウインドウには、なぜかコルト45のホルスターやアメリカン・フットボールのヘルメットが、これまたなぜか埃を被った状態で陳列してありました。

六九年当時、中学三年だった僕は、このお店で経営者の兄弟らしい二人の爺さんの蘊蓄を聞くのが大好きだったのです。米軍のGIたちは日本人みたいにウンチングスタイルで座らない（要するにヤンキー座りしないってことだけど、GIがヤンキー座りしない?! なんか変な話だ）で、ヘルメットの上に座るとか、ほとんどが意味のない蘊蓄だったけど。六九年というのはヴェトナム戦争の真っ盛り、サイゴンに米軍がマックスで五〇万人以上駐留していたころでした。

このお店にはM65の他にも、オリーブグリーンや迷彩色のカーゴパンツ、編み上げのジャングルブーツ、ブッシュ・ハットや鉄兜が雑然と積み上げられてあったのです。僕はその古着のM65の中から程度の良いのを選ぶのに夢中だったのですが、中には血糊の跡がはっきり分かるものもあり、「おっちゃん、これ、ち～付いてるやんか！」と真っ当なクレームと言うか、正直な印象を告げると、「そんなもん、消毒した～る！」の一言でおしまいでした。

そのころちょっと飽きがきていたＩＶＹがアメリカ帝国主義の象徴的なファッションなら、これからはM65にピースバッチをつけて、絞り染めのＴシャツにベルボトムのジーンズを穿《は》き、あたかも「先週ウッドストックを見てきたもんね！」という雰囲気を出そうという魂胆でした。

こんな按配で僕のM65遍歴はまさしく由緒正しい始まりだったのですが、その後四〇年くらいたった昨今、またもやM65を買いまくったのは、イタリアのおっさんの間で、アスペジやマーク・ジェイコブスのM65を綺麗目に着るのが流行っているのを知ったからです。少年時の妙な力みが取れて、今度はすんなりとファッション・アイテムとして着こなしたいと思いました。しかしながら、やっぱり自分のM65に対する思い入れをどこかに表現した着こなしがしたい。それにはあのピースバッチがどうしても必要だと思いつきました。思い立ったが吉日とばかり、行動派でかつ暇人の僕はサンフランシスコのヘイト・アッシュベリーに飛びましたね。

ヘイト・アシュベリーとはヒッピー・ムーブメントの発祥の地、今でも自ら時代を止め、マリファナの匂いをプンプンさせた輩とすれ違う町です。この町ではこれまでにハードゲイの人たちご用達の洋品店で愛犬のブルドッグ用の首輪も買いました。愛犬と僕のネックサイズが同じなので、もちろん僕自身が試着して買いました。

今でもM65を着ると少年時代の好奇心が戻るらしく、先日りんくうプレミアム・アウトレットに行った帰り、南海電車新今宮駅で途中下車し、B級グルメを通り越したC級グルメのホルモンそば三五〇円を食べて、かねてより見てみたかった新世界の浪花クラブの大衆演劇を観に行こうと思い立ちました。僕の西成区デビューにはM65を着て行くのがもっとも相応しいと思ったのです。新今宮駅での途中下車はチョッとした冒険でしたね。案の定、僕は出口の階段を間違えて「あいりん労働福祉センター」のほうに出てしまいました。本チャンのオジサンたちのこなれた作業服の着こなしの中に入ると、M65姿の僕はいかにも、とってつけた「ボンボンの遊び風」にしか見えないことに気がつきました。

そして「やっぱりな〜、苦労が足りんのかな〜?」と妙に自分の人生を反省したのです。

僕のボルサリーノ物語

服飾評論の第一人者である出石尚三先生に、『ボルサリーノ物語』という名著がありますね。

僕にとってのボルサリーノ物語は亡き父の思い出に結びつきます。

父は五年前に七六歳で亡くなりましたけど、出石先生と同じ香川県の高松出身で、やはりとんでもない洒落者でした。Ｂａｒｂａｓを日本に紹介した青木悠さんに聞いた話では、父は八〇年代初頭に関西で一番Ｂａｒｂａｓの服を買っていたそうです。

当時既に五〇歳は過ぎていたのに、Ｂａｒｂａｓかアルマーニの服しか買わなかったのは今考えると凄いことです。九〇年代になり日本でクラシコ・イタリアがブームになった時も、「なんでこんな古臭い服が流行るんや！」と異論を唱えた父でした。

父が亡くなってから形見分けをすべく衣裳部屋に入ってびっくりしたのは、芸能人でもないのに、タキシードが六着あったことと、黒のモード系のパンツが二〇本くらい、まっさらの状態であったこと。

でも、父はどんなにモード系のスーツやカジュアルなブルゾンを着ても、絶対に帽子はボルサリーノのソフトだったんです。あれがスタイルだったんでしょうね。昭和二〇年代のセピア色の古い写真でも、二〇歳代の父は既に中折れを被っていたので、よっぽど好きだったんでしょう。

父がメキシコ旅行の土産に直径一メートルのソンブレロを二個買って帰ったのは、一つは手に持ち、もう一つは被って帰って来たとしか思えないんです。よっぽどの帽子好きですね。

この被り物好きは遺伝するらしく、僕の娘を初めてロンドンに連れて行った時、どうしてもボビー（警官）のヘルメットが欲しいと言い出し、苦労して自分の鞄に詰め込んでいました。父の四十九日も終わり、形見分けで男性の親族はみんな帽子を貰ったのは当然ですが、僕が一番欲しかったグレーのビーバーフェルトのボルサリーノが手元に残っていないのです。

甥っ子たちに聞いても、誰も貰っていない。どこへ行ったんやろう？　悩んだ挙句、思い出しました。お棺に入れて燃やしたんだ!!

ダンディーな父を、ダサイ白装束で送りだす訳にはいかないと、お気に入りのアルマーニのヘリンボーンのスーツにＢａｒｂａｓのシャツ、タイを完璧にコーディネートして、件のグレーのビーバーフェルトのボルサリーノもお棺に入れたんです。今さらＣａ４Ｌａのラビットファーのを入れておけばよかったとも言えないし。でも、ちょっともったいなかったかな。

ボルサリーノのビーバーフェルトは一〇万円以上するものね。

父の告別式ではお棺の中でもダンディーな父と、母、僕、妹たち、孫たち、みんなそれぞれが記念撮影しました。この写真は生々し過ぎてお見せできませんが、うちの家族はみんな最高の笑顔で父との最後のツーショットを撮ったのです。僕の娘なんか、Ｖサインをしています。

これって、不謹慎じゃないんです。僕らみんな大好きな、そして憧れの大スターとの写真だから自然にそうなったんでしょうね。父が火葬場でお骨になるのを待っている時、「Ｔｏｎｙが死んだら、海に散骨してくれればいいよ」と言ったら、甥っ子No.４の大ちゃんは言ってくれました。

「そんなん、海に撒くくらいやったら、ドル（僕の愛犬）にやったらええねん。ドル、骨好きやねんから」

やっぱりうちの家族は不謹慎です。

21

僕の定番物語

僕は某男性ファッション雑誌の定番検定なる企画の問題を、一問もまともに答えられなかったほどのブランド音痴です。

そもそも、業界人ならまだしも、定番を知ることにどういう意味があるのでしょうか？ あの雑誌の企画の意図が分かりませんが、おそらくオタクたちが集まって服飾を語り合う時の話題提供なんでしょうね。あの定番検定を全問正解した人は、おそらく一問も答えられなかった僕の何十倍かはカッコいいんでしょうね。一度お目にかかりたいものです。

僕はあまり薀蓄になる知識がないのですが、この連載の締めくくりとして、一度だけ定番の話を書いてみたくなりました。

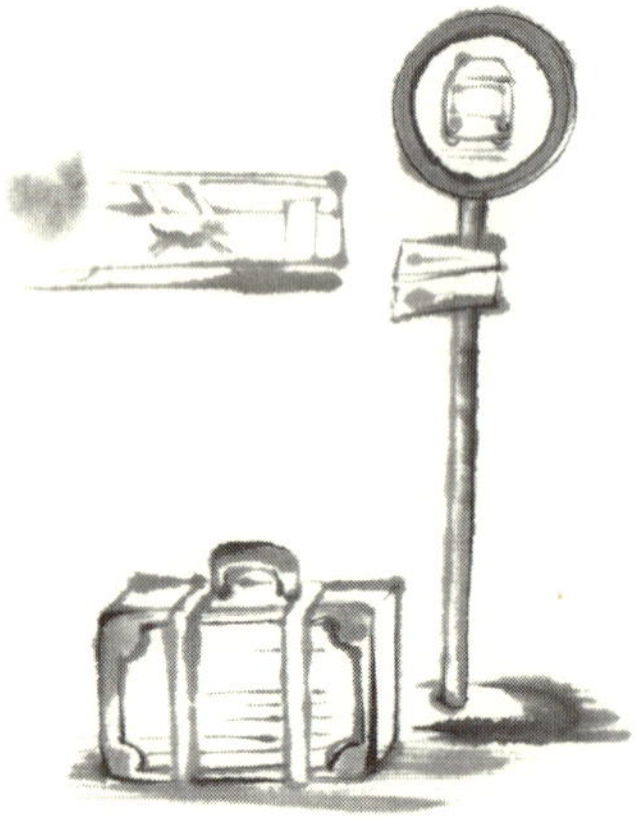

我が家のヴィトンはネーム入り

昔、大辻伺郎というお洒落な俳優さんがいました。この方のお父上は日本で最初の漫談家とされる大辻司郎さんですが、息子さんである大辻伺郎さんのほうは、独特の存在感がある怪優として活躍された方で、一九七二年の第一回の日本ベストドレッサー賞の芸能界部門を獲得されています。七〇年ころに、何かの雑誌で大辻伺郎さんがルイ・ヴィトンの鞄のコレクションをお披露目されていたのを雑誌で見た記憶があります。大辻さんはファッション・リーダーだったんですね。

実は僕の父は大辻さんがコレクションを披露されるより早く、六九年ごろにルイ・ヴィトンを大人買いしていました。

なぜ六九年ごろと憶えているかというと、当時僕は甲南中学の剣道部にいたのですが、食品会社を経営していた父がフランス政府の招待によるフランス旅行から帰国した時、「Ｔｏｎｙの剣道の防具入れみたいな柄の鞄があったので珍しいから買って来たよ」と言いながら、実に嬉しそうな顔で大、中、小さまざまな旅行鞄を開けだしたんです。

当時のヴィトンはモノグラムしか作っていなかったのか、同じ柄の大中小のヴィトンのモノグラムの鞄が二〇種類以上、さらに大型トランクの中には鉛筆立てからトランプまで、三四点のアイテムが入っていました。

父はその時、パリのヴィトン本店の店頭にあったほとんどのアイテムを買い占めたんだと言っていました。

その後四、五年して、ヴィトンの存在が日本で有名になりだしたころ、大学生になった僕や妹たちが、たくさんあった父のヴィトンのコレクションの中からそれぞれお気に入りを引っ張り出して、通学に使用しようとすると、「こんな上等の鞄を持って学校へ行って盗られたらあかん！」と母が言い出し、ヴィトンの鞄の底や蓋の内側に白い極太マジックインキで住所氏名を書いてしまいました。

まるで温泉旅館で貸してくれる番傘のようです。伊丹十三氏がヴィトンのバッグをばらして下駄の爪皮を作ったと言われたころです。

七三年ごろの春、アメリカ大陸の西半分をバスで旅行したんですが、普通その手の若者の旅行はバックパックで行くものなのに、僕は大きなヴィトンのトランクを持って行きました。ところがＬＡからサンフランシスコへ向け、グレイハウンド・バスに乗って移動した時、サンフランシスコのバスターミナルに到着したのに、僕のヴィトンのトランクがバスのお腹の荷物室から出て来ないのです。要するにどっかで紛失したか、盗まれたとしか考えられません。

えらいことになった。鞄の中身は大したことないけど、鞄を盗まれて帰国すると母に鬼の首を盗ったように「そら見たことか、若者がヴィトンなんか持って旅行するから盗られるんや！　親の言うことはちゃんと聞きなさい！　この子は～」とコメカミに四つ角を作って言われるんやろうな～。ひょっとしたら、頬っぺたの一つもつねられるかな～と思いました。グレイハウンド・バスの運転手さんに荷物がなくなったとクレームをすると、「君はＬＡからここサンフランシスコへ来る時、どこで降りるといったんだ？」と聞くので「もちろんサンフランシスコと言いましたよ」と答えると、「もう一度サンフランシスコと言ってみてくれ」と言うのです。そこで言われたとおりにすると、ハタと膝を打つように、反対方向に行くバスがあるのでそれに乗って「サンルイスオビスポ」に行ってみなさいと運転手さんは言いました。僕は来た道を逆に、三つほどバス・ストップを戻り、そのサンルイスオビスポという田舎町のバス・ストップで、ポツンと一つだけ放り出されたヴィトンのトランクを発見しました。

七〇年代初頭のカリフォルニアの田舎町では、ヴィトンの値打ちが分からなかったのか、それとも母が白マジックで住所氏名を漢字で大きく書いてくれたおかげなのかは分かりませんが、無事トランクと再会を果たしたのでした。

そんなわけで我が家のヴィトンのモノグラムのカバン類は全部名前入りなんです。ヴィトンは塩化ビニール加工なので気兼ねしないで使えるのがいいですね。七〇年に母と行ったヨーロッパ旅行ではＧｕｃｃｉで豚皮のバッグを買い、嬉しいものだから早速それを持ってパリのサントノーレを歩いていました。ところが、グレーの大きな犬に、すれ違いざまバッグを舐められて舌の跡が染みになってしまい、悲しみのあまり、その晩のマキシムのフランス料理の味が分からなくなった思い出がありますが、ヴィトンなら塩化ビニールなので拭いたらいいだけですものね。

ところで、最近はヴィトンのモノグラムにもいろんなデザインがありますね。モノグラムの上からさらに可愛いお花やチェリーのプリントが施されたものを初めて見つけたのは、韓国はソウルの南大門市場でした。ずいぶん安いな～と思っていたら案の定コピー商品だったんです。でもそのモノグラムがあまりに可愛いデザインだったので、つい「魔がさして」、女の子用の財布を一つ買ってしまいました。その財布をちょっと罪悪感に苛まれながら一人娘に「ハイ、お土産」と渡したんです。

その何年か後、娘と一緒に南大門市場を訪れた時、コピー商品が並んでいるのを見た娘が、自分の財布と同じ物を見つけて、手にとってしげしげと眺めた後、「Ｔｏｎｙ、パチモンはあかんわ！　ウチのと比べたらやっぱり作りがチャチぃわ」と言ったときは、彼女の目を見られませんでした。

この連載で、いろんなことを告白してしまうのは困ったもんです。

奇跡の時計、ロレックス・デイトナ

実は、コピー商品には韓国だけではなく、ベトナムのベンタン市場やドンコイで懲りているんです。

だいたいベトナムというところは何でもかんでもパチモノがあるところで、サイゴン川ディナークルーズで出てきた歌手が「ワ〜デオウク〜サバレスバルオ〜」と歌うのが、どうも谷村新司の「昴」らしいとわかるまで二分くらいかかりました。その後、件の歌手は韓国語らしい発音で「オッチョンジ〜」と歌っていたんですが、横のテーブルに座っていた韓国人の旅行者に聞くと、やっぱり何語かわからないとクビを傾げていました。耳から入った音を再現しようとしたんでしょうが、歌詞カードくらい見てほしいものです。

歌手ですらいかがわしいパチモノがいるベトナムの、ホーチミン市のドンコイ通りやベン

タン市場では、ベトナム戦争中にＧＩが手放したロレックスをいっぱい並べている店が未だにあるんですが、そこで自分の持っているロレックス・デイトナ・ポールニューマンの中古を発見した時、三〇万円くらいだったので、かなり真剣に買おうか、買うまいか悩みました。

コピー商品の時計は、ベトナムでは二万円くらいから始まり最終的に二〇〇〇円くらいまで値下げ交渉が可能なので、デイトナの中古風のも十分の一くらいまで値切ったら、大成功かと思ったんです。

いろんな時計のイミテーションを見たことはあるけど、さすがにアンティーク・ウォッチのイミテーションは見たことがなかったし、僕が本物を持っていることは世間の皆様はすでに御存知なので、海外旅行でヤバイところへ行くときなんか、本物は金庫に入れて、このイミテーションを持っていくのも洒落になるかと思ったんです。

ところがどっこい、そのドンコイの時計屋は件のロレックス・デイトナ・ポールニューマンは本物なので、絶対に値引きしないというのです。いくらなんでも、一時は一〇〇〇万円以上でオークションに出ていた世界一のプレミアがついた時計ですよ。もし本物なら三〇万円は安すぎるし、偽物なら三〇万円は高すぎる。心千々に乱れた僕は、せっかく楽しみにしていたホイアン・レストランの海鮮料理の味が分からなかったくらい、頭の中が混乱しました。

一九七〇年、母とのヨーロッパ旅行で、ロレックス・デイトナRef. 6241という、手巻きのステンレスの時計では世界一の値上がりをした時計をジュネーブで僕が買ったのは、ある伊達男の影響なんです。

その人は「プレイボーイになれなかったマイク・スミスさん」というところで紹介した三保敬太郎という人で、僕は未だにこの人を超える伊達男を知りません。彼はピアニスト、作曲家（11PMのテーマ、「♪シャバダバ、シャバダバ」なんか書いた人）で、当時日本一のプレーボーイと言われた人です。

三保敬太郎さんを父はミホケイと呼んでいたんですが、ミホケイさんが夏にうちに遊びに来た時は、ライトグレーのドレスシャツ一枚で腕をまくり、パンツも同じ色のライトグレーのコットンだったり、冬に来た時は、六〇年代当時は珍しかったムートンのダッフルコートを着ていて、その下は半袖のボタンダウンだったりしました。

ミホケイさんは愛車のロータス・エランを春夏は水色、秋冬は落葉色に塗り替えていたんですよ。

でも、よくよく考えると高価な買い物という点では、甲南高校の先輩のYさんのトヨタ

2000GTの色違い二台買いのほうが凄いんだけど、一々塗り替える手間を考えると、お洒落に対する情熱ということでは、ミホケイさんのほうが上でしょうね。

ミホケイさんは当時日本で一番女の人にもてた人だと、野坂昭如さんが何かに書いていましたが、ミホケイさん自身は「北新地ではTony君のお父さんのほうがもてるよ」とよく言っていました。ミホケイさんは、父と北新地を飲み歩いて飲みつぶれては、西宮の僕の家に泊まっていたのです。当時彼は広島のマツダのテストドライバーだったんですが、仕事帰りに直接東京に帰らず、父と飲み歩いて高ぶった神経を鎮めないと眠れなかったのかもしれません。

そんなある時、二日酔いのミホケイさんは大きなヘッド・ホンで耳を覆い、僕のオーティス・レディングのレコードを聴きながら、涙を流しているのです。

実は前の夜、父と飲みに行っている時、富士スピードウェイでトヨタ7のテストドライブ中に起きた事故が原因で福沢幸男氏が亡くなったのです。

福沢さんは福沢諭吉の孫、ミホケイさんがレーサーの道に誘い入れた人、平凡パンチなんかによく特集を組まれた六〇年代の男の子の憧れの的でした。

あの時のミホケイさんには、親友をなくした悲しみと、自分がレースの世界に引きずり込んだことの自責の念が激しくこみ上げていたのでしょう。

その時、ミホケイさんの腕にあったのがこれと同じデイトナ。だから僕は中学一年のころからこの時計が欲しかったのです。

中学三年の時、サム&デイブの初来日のライブに連れて行ってくれたのもミホケイさんだし、ミホケイさんは僕の憧れの人でした。

高一の時、ジュネーブのロレックス本店でロレックス・デイトナを探した時、ステンレスが欲しいのに金無垢のしか在庫がないと言われ、ショックを受けていると、母が何軒もの店に電話で問い合わせをさせて、その日のうちに入手できました。

それにしても、英語もフランス語もできない母が何語で交渉していたのかがどうしても思い出せません。以前「バリ島ウエディング」のところに書いたように、気の強い迫力のある母はきっと日本語でまくし立て、ジュネーブの時計屋さんもその迫力に慄《おのの》いて、必死になって探したんだと思います。

最近の母は病弱で、昨年は新たな病気も抱え込んでしまったのですが、先日うっかりして、母が後ろから歩いてくるのを忘れて玄関の鍵を閉め、ロックアウトしてしまった時、母は玄関のドアを叩き破るくらいの勢いで、持っていた杖で叩きまくったんです。相変わらずのド迫力は健在です。父もミホケイさんももうこの世にはいません。せめて母だけは持ち前の根性で長生きしてほしいものです。

四〇年にわたり愛用してきた、このロレックス・デイトナ・クロノグラフRef. 6241・ポールニューマン・タイプ・エキゾティック・ダイアルという長ったらしい名前の時計が突然動かなくなったのは、リーマン・ショックの直前でした。

僕は甥っ子No.2のタッチャンを伴い、御堂筋のロレックスのカスタマーセンターにこの時計を持ち込んだのですが、驚いたことに、修理担当者がこの時計は古すぎて部品のストックがないので修理不可能です、と言い出したのです。そしてその修理担当者はこうも言いました。

「これがちゃんと動いたら大変な価格なのに残念ですね」

そう宣告された時の僕のことを、居合わせた甥っ子No.2のタッチャンは、「TonyがTonyでなくなったようだった」と言っていました。

家に帰って早速インターネットでこの時計の転売価格を調べてみたら、なんと一千万以上の高値がついていたのです。

そんなアホな！　何とかならないものかと思ってネットで時計修理職人を探し、あちこちに問い合わせて、ようやく壊れたヒゲぜんまいという部品をレプリカで作り直します、という人を見つけ出しました。五万円くらいで修理してもらったのです。そして動くようになった時計を前にして、四人の甥っ子たちに、「そろそろこの時計をこの中の一人に進呈しようと思っている、ついてはジャンケンで勝ち抜いた子にこれをあげるけど、負けた三人はスウォッチです」と宣言しました。

この超ハイリスク・ハイリターンのオッファーに対して、甥っ子たちは見るも哀れなほどうろたえたのですが、それを見ていた母に、そんなことをして遺恨を残すより、その時計を転売して、甥っ子四人と娘に時計を買ってあげなさいと言われました。確かにジャンケンでは「後出し」したとかでもめやすいし、僕は昔ジャンケン大会で一〇〇人勝ち抜いたことがあって、その気になれば究極の手品のような「後出し」ができることを知っているので、ここは母の提案を素直に採用することにして、修理が完了した時計を梅田のロレックス専門店に持ち込んだのです。

そして正直にこの時計のヒゲぜんまいは純正ではないことを告げて転売を申し出ると、そのお店からドイツの工場に出して検査とオーバーホールしてから、買い取り価格を指値するとのことでした。

一ヵ月後、そのロレックス専門店から出された指値は六〇〇万円でした。買ったときのちょうど一〇〇倍で売れるわけだし、ネットオークションに自分で出す自信がないのでそのオファーを受け、現金六〇〇万円を受け取ると、その足で心斎橋のバーゼル時計宝飾店に行きました。最新型のロレックス・デイトナの黒文字盤、同じくロレックス・デイトナの白文字盤、ジャガールクルート・レベルソのピンクゴールド、オーディマピゲ・ロイアル・オーク・デュアル・タイム、フランクミューラー・コンキスタドールの、それぞれ一五〇万円前後の時計を五本、現金払いなので六〇〇万ちょうどで買うと言って、あたかも万田銀次郎のように店長の前にキャッシュを積んで見せたんです。その瞬間、店長の鼻の穴が、一・五倍に膨らんだのを僕は見逃しませんでした。

そんなこんなで五本の時計に化けたロレックスですが、二週間ほどして、梅田のロレックス専門店のカタログに九九九万円で写真付きで出ているのを発見した時は、自分が商売には不向きな人間だと再認識しましたよ。

epilogue

エピローグにかえて

ちょいアホおやじの誕生

先に「ボーダーって何ですか」のところで書いたように、僕の父は東証一部上場を果たした食品メーカーの創業者でしたが、同族会社にありがちなお家騒動に巻き込まれた父は、一緒に会社を立ち上げた父の兄、すなわち僕の伯父が他界した時に、父と僕の存在そのものが、亡くなった伯父の一人息子である僕の従兄弟が将来跡取りになるのに邪魔になると考えた人たちによって、苦労して作り上げた会社を追われたのです。

そのことによって父は経済的に損失をこうむることはなかったけれど、僕たち親子は世の中の諸行無常を知りました。

父が会社を追われたのは、何を隠そう一人息子の僕の存在が原因だったんです。でも、僕を溺愛していた父の本心は、僕には一切会社を継がせたくないというものでした。自由に自分の人生を歩んで欲しいと思っていたのです。でも、父が会社を追われてしまうと、父の本心とは別のところで、僕自身は、ここにも同じ姓の長男が存在することを世間に見せてやりたいというか、男の意地というか、世間に対するプレッシャーを強く感じていました。

一部上場の会社の経営者になった従兄弟に対抗しようとするのですから大変でした。そのためにずいぶん肩に力の入った人生を歩んでしまって、酒に溺れた時期もありました。でも今は、父も亡くなり、会社を継いだ従兄弟が失脚したことによりすっかり肩の力が抜けてしまって、言い換えれば結果的に自己実現を諦めて、自然体になって趣味に生きる覚悟ができたのです。

そんな父の会社での経緯もあり、中学三年でヴィトンに囲まれ、高校一年でロレックス・デイトナをつけて学校へ通っていた僕の人生は、「あほボン」と言われたくない思いが人一倍強かったと言えます。

でも今は声高々と「僕はハゲです」と同じように「僕はアホです」と宣言したいのです。プロローグに書いた、いくつかの難題を本書を通して考えてきた結果、行き着いた結論は、「ちょいアホおやじ」というコンセプトです。

僕が目指しているのは、自然体の次の段階、「ちょいアホおやじ」なんです。

「番頭はんと丁稚どん」の時の大村崑の演じる崑松と同程度の力の抜け具合が目標です。

僕はこの文章を亡き父へのオマージュとして書き連ねてきました。

僕は、人は死なないと思うんです。少なくとも僕はこの物語を書き連ねている時は、亡くなった父と常に対話していました。

僕は何か判断を迫られるような事態になった時、常に父ならこんな時どう言っただろうかと考えます。だから父の精神は僕の中に乗り移っているんだし、父が亡くなった時、少なくとも自分が死んでしまったということを認識する自分自身が消滅しているのですから、たぶん本人は死んだことを認識しておらず、僕の精神の中に入り込んだんだと思っています。

生まれ変わりじゃない、リインカーネーションです。

だから今でも僕は父との対話ができるのです。父は普段口数が少なかったけど、たまにボロッと言う言葉が他の誰もしない表現で、その言葉が常に実体験に基づいた、そして自分の頭で考え抜いた言葉だっただけに、強烈なインパクトを与えて人の心を打ったんです。

そんな父は七〇年代、八〇年代を通して関西で一番の洒落者と言われていても、一切の服飾に関する本を嫌って読まなかったし、服飾を語ることを嫌っていました。

そんな父は「天下の二枚目」のところでお見せしたような美男だったのですが、背が高くてハンサムだというだけではなく、桁外れの存在感と色気で、すれ違った人が必ず振り返るほど、惚れ惚れとするほど色っぽく、綺麗に洋服を着こなしていたのです。

教養の上に乗っかっただけの存在感では「色気」、言い換えれば男女を問わず人をひきつける雰囲気は成立しにくいものです。

インテリには存在感はあっても色気のない人が多いと思うんです。それはインテリが書物を信じすぎて、自分で物事を考えない傾向にあるからではないでしょうか。

インテリは、実体験を基にした話ができる男の色気には、かないっこないんです。アナリティカルなだけではなく、そこに直観力が加味された、実体験に根差した言葉の重さで話す男の色気と比べると、借り物の知識で自分の言葉に酔って悦にいってるインテリほど、かっこ悪いものはないと思うんです。

もっと言うと、プリミティブな奴のほうが中途半端に洗練された奴よりセクシーです。そこらへんを面白おかしく描いた映画として、八〇年代中ごろの「クロコダイル・ダンディー」を思い出します。

シティーボーイを自認する僕も、農業従事者や漁業従事者の中には都会のサラリーマンより良い顔をしてる人がいることを知っています。

彼らは自分自身の仕事を天職と感じているので、良い顔になっているんでしょうね。そして大自然を相手とし、上役や得意先にこびることのない立場で仕事ができるので良い顔になっているんでしょう。

服飾評論家やジャーナリストが薀蓄を語るのが商売なのは理解しますし、雑誌がカタログとして存在する意味も否定しません。

しかしながら「プラダを着た悪魔」という映画の中で、ファッション雑誌の編集者が、自らの職業の社会的意義を説くシーンで見事な職業意識を披瀝《ひれき》していましたが、日本の商業雑誌には、確たる使命感と覚悟があって仕事をしている編集者がどれほどいるか、疑問です。自分は読者に生きる喜びや夢を与えることを願って雑誌作りをしている、と言い切れる編集者はどのくらいの割合で存在するのでしょうか？

今の日本では、ただただ本を売りたいがため、広告収入を得るために、流行をプロヴォケイティブに煽っているだけの雑誌や出版物が多いような気がして仕方ないのです。そしてメディアに手玉に取られ、ダサい服飾評論家の薀蓄を受け売りで披瀝する小売店の店員なんかが許せないのです。

以前あるお店で、「この服で黒いのはあるか？」と聞いた時、「クラシコでは黒は作りません！」と言い放った店員がいたけど、ナポリのマリネッラですら、僕の只者ではない気配を察知してポケットチーフをプレゼントしてくれるのに、青二才の日本人の店員が講釈をたれようとしたんです。そんな無神経で感性のない店員を作ったことが、クラシコイタリア・ブームを煽った感性のかけらもない雑誌の罪です。

イタリア人はみんなクラシコイタリアを着ていて、みんなポケットチーフをTVホールドにして胸ポケットに入れているとか、一万キロ離れたら嘘八百言っても分からないという雑誌の作り方と、それを真に受ける幼稚な感性が情けないんです。嘘の情報を真に受けるのが馬鹿みたいだと思うのです。

そんな商業主義丸出しの雑誌で作為的に作られた情報を、疑いもせずに受け売りで語る輩には男のプライドがあるのでしょうか。

服飾に関する意見なんて、聞かれたら話すけど、それも実体験に基づいた確固たる信念に根差した話だけを自分の言葉で話す。そうでないなら黙っているほうがカッコいいと思います。

洋服を着こなすのは教養ではなく「知恵」だと思うんです。本なんか読んだこともない、ましてや蘊蓄は一つも知らないでも見事に洋服を着こなしている人はいっぱいいます。そんな人は教養ではなく自分を知っているんです。チンと済ましたもう一人の自分が常に自分を客観的に見つめていて、独りよがりを諌めている。そのことのほうがむしろ教養より大切で、そしてそれができている人が知恵のある人だと思います。

一部の服飾評論家の文章が、蘊蓄や雑学をいくら羅列しても人の心に響かないように、洋服も自分で考えて作り上げたスタイルでないと、他者にインパクトを与えないものだと思います。だから「教養」なんてご大層なものではなく、「知恵」という次元のものなんです。

学ぶより感じろ、そして書物に頼らずに自分で悩めと言いたいのです。「教養」は学問で手に入るものであるのに対して、「知恵」は家庭内の文化から引き継がれ、さらに思春期の人間関係によって育まれ、さらにはそれをベースに自分自身で考え抜くことによって形成されるものなのです。

だから色気や貫禄をその人の存在感だとしたら、それは知識では身につかないものなんです。

自分で考え抜く孤独な作業をしないと、身につかないものなのです。

人の趣味がそれぞれ違うのは当然だと思うし、たとえどんなに趣味が悪くても、自分の頭で考えて服を着ている人のほうが、雑誌に踊らされるファッション・ヴィクティムより似合った服を着ていると思います。

問題は、その人が自分自身で考え抜いた着こなしをしても、それが独りよがりにならないで、誰が見てもお洒落に見えるような平易な着こなしになっているかどうかということです。味音痴の人が食べても、美食家が食べても美味しいと感じるものが存在するように、誰が見てもお洒落な人になるのが理想なんです。自分自身しかできない着こなしを目指していても、誰から見ても分かりやすくお洒落に見えるのが最強です。

物事は難しいことを簡単に言うか、簡単なことを難しく言うかの二種類しかないと思うけれど、簡単なことを難しく言うより、難しいことを簡単に言うほうが難しいに決まっています。そしてもっとも難しいのは、何も言わないで難しそうなことを簡単そうにやってのけることなんです。

洋服の着こなしでも「あの人は何であんな風に着こなせるんだろう？」と疑問に思わせることができたら、その時貴方は達人の域に到達したということです。

その域に到達するには蘊蓄は必要ない、いやむしろ邪魔になります。通信教育でカラテ五段になった人と、ストリートファイトで鍛えた喧嘩自慢の戦いで、カラテ五段の人が完璧な蹴りの形を頭でイメージしているうちに、喧嘩自慢にいきなり目潰しを喰らわされたり、金的を蹴り上げられたりして、あっけなく負けてしまうような話と同じことなんじゃないでしょうか。

洋服の着方で大切なのは、五メートル以上離れたところから見た全体のバランスです。だからスペックやディティールは知っていても、それぱっかりを尊重していてはまったく意味を成さないいんです。

クラシコイタリア・ブームの時に、金科玉条のように信じられた、袖口の本切羽《ほんせつぱ》なんて意味がありません。五メートル離れたら袖が本切羽かどうかなんて、だれも気がつきません。

僕は表地がナイロンで裏地がシルクのスプリングコートなんかを着ますが、このコートの存在には立ち居振る舞いのエレガンスを計算した、伊達男の心意気が必要で、コートを手に持って歩く様、着脱時の所作などが手品師のそれのように、わざとらしくならずにできる自信がないと着こなせません。考えることの次元が違うんですよ。僕はこれをマスターするために、桂春団治の高座での羽織の脱ぐ仕草をイメージして練習したくらいです。意気込みと言うか、根性が違うんです。

誰が見てもお洒落な人とは、その人の持っている雰囲気を感じた人の脳内に、何らかの化学反応を喚起させていると思います。

恋愛感情の始まりの好意の感情とよく似た化学反応です。

そしてこの化学反応による感情は、人間の脳のなせる業であり、着る人の雰囲気と存在感によって引き起こされる反応なので、洋服のスペックに関する蘊蓄によっていくら理論武装したところで何の意味もなさないのです。

スペック重視の某服飾評論家と僕が並んで、一〇〇人の女性にどちらが素敵か投票させたら、おそらく九八対二で僕が圧勝すると思います。その時僕に投票しない二人の女性は、おそらく不承不承で投票するその評論家の妻と娘かもしれません。存在感や色気は書物による知識では出来上がらないんです。

口を酸っぱくして言いますが、実体験に根差す艱難《かんなん》辛苦と切磋琢磨によって、自分自身が悩むことによって勝ち得ることなのです。

プロローグで書いたように、この一文はスペックに関する蘊蓄を一切排除して、お洒落とは何か、お洒落な人とはどんな人かを考えてきたつもりです。

それぞれの独立したお話には直接ファッションに関するお話が少ないかもしれませんが、行間の「蘊蓄」ではない「含蓄」を感じていただけたでしょうか？　もし行間にこめた思いを感じていただけていたら、それこそが僕にとっての狙いなんです。

一年間にわたって、蘊蓄を排除してあくまで実体験に基づき、自分史的にこの文章が書けたのは、亡き父と現存する家族や友人たち、先輩方、そして僕と付き合ったことのあるすべての女性の御蔭に他ならないことをここに記して、お礼を申し上げます。

そしてこの企画を持ちかけてくれた河合正人さん、それにしても貴方は人を乗せるのが上手いね。

ずっと謎のお洒落なオッサンでいたかったのに、フリチンで歩く以上の大露出狂的に謎の半生を披瀝してしまったやんか！

でも、言いたいこと言ってスッとしたわ。ありがとうね。

完結です。

本書は、「神戸ブランメル倶楽部」のホームページ上に、
二〇一一年四月から二〇一二年三月の一年間にわたって連載されたものに、加筆訂正を加えたものです。

著者略歴

小森　薫（こもり かおる）通称 Tony（トニー）

1954年生まれ。中学から大学まで甲南の、元祖神戸のシティーボーイ。大学卒業後、商社、米国の最先端技術コンサルタント、ベンチャーキャピタル、NGO団体事務局長を遍歴。一時、洋服好きが高じて、ミラノと大阪にしか存在しないマニアックなメンズ・ブティックを経営するも商才無く挫折。誰もが知る上場企業の創業者で関西一のお洒落だと言われた父を持ち、現在は親のつくった財産を食いつぶすのを生業とする。

平凡が金とは言うけれど

Tonyさんの優雅な生活

2012年11月21日　初版第1刷発行
著　者：小森　薫
発行者：藤本敏雄
発行所：有限会社万来舎
〒102-0072　東京都千代田区飯田橋 2-1-4　九段セントラルビル 803
電話 03(5212)4455
E-Mail：letters@banraisha.co.jp

印刷所：株式会社エーヴィスシステムズ

JASRAC 出1212774-201
ISBN978-4-901221-63-4

装幀・本文デザイン／H.D.O.
カバー・本文 画／松田素子
編集／大石直孝（万来舎）